Balkonien –

Tipps für den Abenteuerurlaub zu Hause

Hans Borghorst

Balkonien –

Tipps für den Abenteuerurlaub zu Hause

Der komplett andere Reiseführer
erschienen in der Reihe »Genial Reisen«

CARLSEN

Inhaltsverzeichnis

Vorwort

»Balkonien«: Zuhause echte Abenteuer erleben!

Ab sofort keine teuren Reisen mehr zu exotischen Zielen! Bleib im Urlaub einfach zuhause! Heute weiß doch jeder: Die weite Welt ist nur noch ein globales Dorf. Überall das gleiche Bild: Ob Südsee, Nordpol, Kasachstan oder Bielefeld – überall sitzt du in denselben Plastikstühlen, trinkst dieselben Getränke, telefonierst mit denselben Handys wie bei dir zuhause.
Also warum dann noch der ganze Aufwand und so weit wegfahren?

Die wahren genialen Abenteuer findest du heute nicht mehr in Patagonien, sondern in Balkonien, nicht am Himalaja, sondern in deiner Fußgängerzone, nicht im Orientexpress, sondern auf einem Bahnsteig in Bad Salzuflen.
Auf den besonderen Blick kommt es an. Sieh deine Welt mal mit anderen Augen, in einem neuen Blickwinkel, in einem neuen Programm, und du wirst sehen: Deine eigene Welt ist viel aufregender und spannender als jeder All-inclusive-Club im fernen Paradies.
Dieses Buch präsentiert deshalb total abgefahrene Ideen für den Urlaub zuhause.
Weg mit den bunten Katalogen – her mit dem genialen Abenteuer vor deiner Haustür!

Auf nach Balkonien – in das Land der unbekannten Abenteuer.

Viel Spaß!

Ab durch die Mitte

Das ist ja das Anstrengende am Alltag: Andauernd muss man zig Umwege nehmen, um ans Ziel zu gelangen. Im Urlaub soll das mal anders sein! Urlaub ist schließlich dazu da, uns eine Auszeit vom normalen Leben und von den Beschwernissen des Alltags zu genehmigen. Insofern spricht alles dafür, dass wir uns im Urlaub mal den Luxus gönnen sollten, *den direkten Weg* zu nehmen.

Ab durch die Mitte meint: immer nur geradeaus gehen – mit allen Konsequenzen! Packe also Badekleidung, eine Bergsteigerausrüstung und einige dir sinnvoll erscheinende Hilfsmittel ein, verlasse das Haus und bewege dich immer geradeaus. Ja: IMMER GERADEAUS. Kontrolliere deinen Weg mit einem Kompass oder per GPS und weiche nie oder nur unter extremsten Umständen mehr als 1 Meter von der Ideallinie ab! Kehre nach Abweichungen sofort wieder zu deiner ursprünglichen Linie zurück! Du wirst Dinge erleben, fremde Menschen treffen, Orte sehen, von denen du vorher keine Ahnung hattest. Und das alles unmittelbar in deiner Nachbarschaft. Das ist Abenteuerurlaub in Balkonien!

SCHWIERIGKEITSGRAD:

Stufe 1:	Kindergeburtstag	
Stufe 2:	Normale Härte	
Stufe 3:	Heftig	
Stufe 4:	Arrrgh!	X

BALKONIEN-EXTRA-TIPP

»Aber was mache ich, wenn ich vor einem Zaun, einer Mauer oder einem Haus stehe?!«, wirst du dich vielleicht fragen. Antwort: Drüberklettern! »Und was, wenn ich an einen Fluss oder See komme?!« Antwort: Durchschwimmen! »Ja, na gut, aber was ist, wenn ich an ein Gelände komme, das von einem 1000-Volt-Zaun, scharfen Hunden und schwer bewaffneten Wachleuten geschützt wird?!« Antwort: Genial improvisieren!

Früher suchte diese junge Urlauberin nur den Luxus, heute genießt sie Aida Poor!

Aida Poor

Liebäugelst du schon lange mit einer Kreuzfahrt auf einem der *Aida*-Clubschiffe?! Bringen dich so klingende Namen wie *Aida Blu*, *Aida Cara* oder *Aida Vita* zum Schwärmen?! Glaubst du, dir solch einen maritimen Traumurlaub niemals leisten zu können?! Stopp – falsch gedacht!
Wenn du bereit bist, unwesentliche Abstriche zu machen, kannst du in Balkonien ein durchaus vergleichbares Erlebnis für sehr viel kleineres Geld haben.

Und das geht so:

- Erwirb ein gebrauchtes Paddelboot, in welchem du die heimischen Gewässer durchkreuzt!
- Taufe das Boot auf den Namen *Aida Poor*!
- Dekoriere mit Liebe das Frei- und Sonnendeck, das auf einem Paddelboot stets – sozusagen zwangsläufig – vorhanden ist!
- Richte im Bug einen Loungebereich ein. Das geht in Nullkommanix, indem du dort ein bequemes Sitzkissen positionierst und ein Schild mit der Aufschrift »Lounge« anbringst!
- Erkläre das Heck zum Wellnessbereich, in dem du deinen Bewegungsdrang ausleben kannst. Hier betreibst du nach Herzenslust Aerobic, stemmst Gewichte und schlägst Golfbälle in die unberührte Natur!
- … wenn dir anschließend der Sinn nach einer wohltuenden Massage steht, halte nach einem Angler Ausschau. Der ist sicher bereit, dich für eine Handvoll Münzen im Schutz der Uferböschung durchzukneten!
- Gönne dir ein ganztägig geöffnetes,

reichhaltiges Buffet (indem du eine Vielzahl mit erlesenen Gourmethäppchen gefüllte Platten waagerecht außen an die Bordwand schraubst) und verwöhne dich mit einem exzellenten Selbstbedienungs-Service!

- Mache einen Tauchkurs unter eigener Anleitung!
- Unternimm Landausflüge und genieße dabei faszinierende Begegnungen mit unbekannten Welten!
- Verwöhne dich am Abend – zurück an Bord – mit exotischen Cocktails an der Bar und genieße glamouröse Shows auf deinem mobilen DVD-Player!
- Überrasche dich mit spontanen, von dir selbst präsentierten Live-Darbietungen in den Bereichen Musik, Tanz, Theater, Musical, und lasse dich dabei von deinem eigenen, höchst beeindruckenden Repertoire mitreißen und begeistern!
- Verabschiede dich am Ende der Reise von dir selbst mit einem phänomenalen und unvergesslichen Mega-Brillant-Tischfeuerwerk!

Genial: Überall schlummern Kreuzfahrt-Schiffe einer neuen Generation.

Du siehst: Egal, was ein Urlaub auf einem Aida-Clubschiff dir bieten mag – dein eigenes Aida-Clubpaddelboot kann da locker mithalten. Ahoi!

SCHWIERIGKEITSGRAD:
Stufe 1: Kindergeburtstag
Stufe 2: Normale Härte **X**
Stufe 3: Heftig
Stufe 4: Arrrgh!

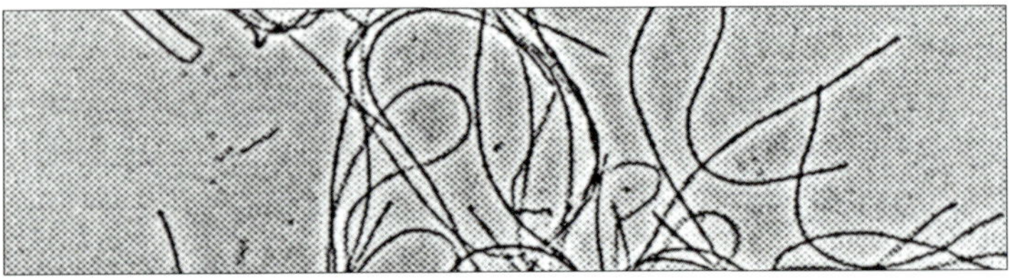

Urlaub neben faszinierenden Wesen aus einer fernen exotischen Welt.

Aqua Safari

Wenn du Lust auf eine Entdeckungsreise in eine dir weitgehend unbekannten Welt winzig kleiner, aber dennoch imposanter Lebewesen hast, und das alles, ohne einen Fuß vor die Tür zu setzen, dann nimm ein Mikroskop und stelle es auf deinen Küchentisch. Gib dann einige Tropfen Leitungswasser auf einen Objektträger, schiebe diesen unter das Mikroskop und schaue hinein …

Ist es nicht unglaublich?! Vor dir tut sich schlagartig ein eigenes, fremdes Universum auf, bevölkert von unzähligen, putzmunteren Mikroorganismen in erstaunlicher Vielfalt! Und du bist hautnah und live dabei, hast die Chance, so lange du willst an ihrem aufregenden Leben teilzuhaben und die unglaublichsten Verhaltensweisen zu beobachten! Sie jagen, sie fressen UND sie teilen sich (see **1** and watch a little bit later **2**). Doch darf man diese, auf den ersten Blick relativ harmlos wirkenden Kollegen natürlich keinesfalls unterschätzen.

Wenn etwa eine Rudel Löwen dich angreift, werden dir vielleicht nur die Arme, die Beine und der Kopf abgerissen, sodass du eine gewisse Chance auf Rettung, Genesung und spätere berufliche Wiedereingliederung hast – mit etwas Glück!

Haben dich aber die entsprechenden Bakterien und Viren und der Rest der mordsgefährlichen Bande erst einmal am Wickel, sieht's ziemlich finster aus! Mögen sie also noch so winzig sein und noch so faszinierend ausschauen – behandle sie stets mit gesundem Respekt!

BALKONIEN-EXTRA-TIPP

Keine Panik. Was sich da im Wasser tummelt, kann dir nichts anhaben. Du bist in Sicherheit, dir kann nichts geschehen – aber bitte nicht trinken!

SCHWIERIGKEITSGRAD:

Stufe 1: Kindergeburtstag
Stufe 2: Normale Härte **X**
Stufe 3: Heftig
Stufe 4: Arrrgh!

Wunderbar: Sommer, Sonne, Sand …

Beach-Club

In allen größeren Städten gibt es inzwischen öffentliche, ultra-hippe Beach-Clubs mit Sandstrand, coolen Drinks und Chill-out-Musik. Das kannst du, ohne großen Aufwand zu betreiben, auch bei dir daheim haben!
Besorge dir einen 25-kg-Sack Sand im Baumarkt oder – falls du sensible Haut hast – die entsprechende Menge Vogelsand im Heimtierbedarf. Streue den Sand auf die Terrasse, den Balkon oder auf den Bürgersteig, und wenn der Sommer eher kühl und regnerisch ausfällt, ins Wohnzimmer.

Ein Liegestuhl bzw. Strandkorb komplettiert das Strand-Ambiente, aber natürlich gehört auch ein Sonnenschirm dazu. Und fertig!

… und jede Menge Erholung!

BALKONIEN-EXTRA-TIPP

Wie? Das richtige Feeling will sich nicht einstellen?! Die Sache ist nicht rund?! Irgendwie fehlt der Pfiff?! Dann hol dir: Sonnencreme, Muscheln, Taucherbrille, eine BUNTE. Immer noch kein Beach-Club-Gefühl? Dann nimm die Fototapete (s. o.)!

Zu zweit macht es noch mehr Spaß.

Blind Travel – Blinde Kuh

Der Klassiker: Jetzt gibt es das weltberühmte Blindekuh-Spiel endlich auch für Erwachsene! Erinnerst du dich noch, wie aufregend es war, mit verbundenen Augen in deinem eigenen Kinderzimmer umherzutapsen und alles anzugrapschen? Wenn deine Augen nichts mehr sehen und nur deine Hände Orientierung geben, geht in deinem Kopf echt die Post ab! Die Räume werden größer und kleiner, du siehst Farben und Gesichter, von denen du kaum zu träumen wagst!

BALKONIEN-EXTRA-TIPP

Beginne in einem dir vertrauten Raum. Wenn dir das zu langweilig wird, tu es in der Wohnung von Freunden. Oder frage Passanten, ob du bei ihnen zu Hause mal …

SCHWIERIGKEITSGRAD:

Stufe 1:	Kindergeburtstag	
Stufe 2:	Normale Härte	X
Stufe 3:	Heftig	
Stufe 4:	Arrrgh!	

Höhepunkt für die Camping-Bingo-Freunde: das Jahrestreffen in Köln.

Camping-Bingo

Bei Dunkelheit schlagt ihr – du und deine Freunde – getrennt voneinander in verschiedenen schlecht beleuchteten Straßen eure Zelte auf. Sobald der Morgen graut und ihr die Nummer des Hauses lesen könnt, vor dem ihr übernachtet habt, sucht ihr die entsprechende Zahl auf euren Bingoscheinen. Wenn einer von euch die Hausnummer auf seinem Bingoschein findet, kreuzt er sie an und ist dem Ziel »Bingo!« einen riesigen Schritt näher gekommen. Wenn nicht, hat er vielleicht in der nächsten Nacht mehr Glück!

Dieser Spieler lag vor der Nummer 23. Die hatte er aber leider schon.

SCHWIERIGKEITSGRAD:
Stufe 1: Kindergeburtstag
Stufe 2: Normale Härte
Stufe 3: Heftig X
Stufe 4: Arrrgh!

BALKONIEN-EXTRA-TIPP

Wer zuerst alle Zahlen auf seinem Bingoschein durchgeixt hat, ruft – das ist uralte Bingotradition – laut: »Bingo!« Wer in 3 Wochen 2 Bingoscheine voll-ixt, ruft: »Super-Camping-Bingo!«

Der Löffel zeigt eindeutig …

… nach vorne.

Achtung! Der Löffel ändert die Richtung!

Der Weg führt über das Dach.

Coffee To Go

Kaufe irgendwo einen *Coffee To Go,* und gehe in die Richtung, in die der zum Umrühren gedachte Plastiklöffel (oder das Plastikstäbchen) zeigt. Sollte der Plastiklöffel beim Trinken oder aufgrund höherer Gewalt seine Ausrichtung ändern, änderst du dementsprechend ebenfalls die Richtung. Ist der Becher leer getrunken, besorge dir schnellstmöglich einen neuen *Coffee To Go* und mache weiter wie zuvor …!

Auch hier gibt es den Plastiklöffel gratis dazu.

SCHWIERIGKEITSGRAD:
Stufe 1: Kindergeburtstag
Stufe 2: Normale Härte X
Stufe 3: Heftig
Stufe 4: Arrrgh!

BALKONIEN-EXTRA-TIPP

Kaffee ist nicht dein Ding?! Es gibt andere Speisen und Getränke To Go, die dich mehr reizen?! Natürlich funktioniert die Sache genauso gut mit *Tee To Go*, *Stück Torte To Go*, *Linseneintopf To Go*, oder auch mit *Kartoffelsalat mit Würstchen To Go*!

Wer nach dem besonderen Souvenir sucht, kann andere überraschen.

Crazy Souvenir

Ganz wichtig: Kein Balkonien-Abenteuer-Trip ohne geniales Souvenir! Denke dir ein Souvenir aus, das es geben könnte, so aber nicht gibt – zum Beispiel den Kölner Dom zum Aufblasen im Maßstab 1:100, ein Glas original Münchener Nordseekrabben oder einen Kaffeebecher, auf dem ein bekannter Junkietreffpunkt abgebildet ist. Begib dich dann in irgendein Geschäft und erkundige dich freundlich nach dem Gegenstand, den man dort natürlich nicht vorrätig haben wird – wie auch?! Sollte dich das Gefühl beschleichen, dass man deine Seriosität in Zweifel zieht, behaupte einfach steif und fest, in der Tageszeitung davon gelesen zu haben. Damit drängst du das sonst gerne mal zu Überheblichkeit neigende Verkaufspersonal umgehend in die Defensive, und man wird sich beeilen, dir zumindest einen Tipp zu geben, wo du fündig werden könntest.

Gehe zu der Adresse und lasse dich von dort wieder weiterschicken. Verbringe so den Tag und kaufe dir kurz vor Ladenschluss – damit du nicht mit völlig leeren Händen nach Hause gehen musst – irgendwo irgendeines der vielen mehr oder weniger langweiligen Souvenirs, die es bereits gibt (zum Beispiel mal wieder eine Postkarte), als bleibende Erinnerung an diesen unvergesslichen Tag!

SCHWIERIGKEITSGRAD:
Stufe 1: Kindergeburtstag **X**
Stufe 2: Normale Härte
Stufe 3: Heftig
Stufe 4: Arrrgh!

Willkommen daheim!

GUTSCHEIN

für einen leckeren Begrüßungscocktail
am 1. Urlaubstag daheim ...!

– Einzulösen bei einem Nachbarn deiner Wahl –

Gutscheincode 323-ON-THE-ROCKS-80

URLAUB-DAHEIM-GUTSCHEIN

für eine 4-stündige, exklusive
Sightseeing-Tour durch deine Stadt

(mit dem eigenen Fahrrad!)

Nicht übertragbar!

Gutscheincode 669-PEDAL-42

URLAUB-DAHEIM-GUTSCHEIN

für unbegrenztes »Chillen« in den eigenen 4 Wänden

– Nur gültig in Verbindung mit dem Personalausweis –

Gutscheincode 000-RELAX-81

URLAUB-DAHEIM-GUTSCHEIN

für ein tägliches reichhaltiges Frühstücksbuffet

– Zubereitet von deinem Lebenspartner –

Gutscheincode 223-LACHS&RÜHREI-45

Ganz vorsichtig! Der andere darf nichts merken!

Das Abenteuer für 15.000,– €

Mancher Urlaub würde viel befriedigender, wenn man all die Urlaubspläne auch konsequent durchziehen würde. Doch oft startet man mit Euphorie, gibt aber auf, weil einem die Lust vergeht. Dies dürfte dir beim 15.000-Euro-Trip kaum passieren!

Besorge dir viel Bargeld! So ungefähr 15.000,– Euro. Verkaufe, was du besitzt – dein Haus, dein Auto, eben alles, was schnell Geld bringt. Lass dir den Betrag in großen Scheinen aushändigen. Geh auf die Straße und stopfe das Geldbündel unauffällig in die Hosentasche eines wildfremden Menschen. Wichtig: Präge dir das Aussehen der Person gut ein, denn sobald du das Geld los bist, bleibst du auf der Stelle stehen, schließt die Augen und zählst langsam bis 10.

Bei 10 öffnest du die Augen und machst dich daran, die Person und damit dein Geld wieder aufzuspüren. Jetzt geht es los! Jetzt wirst du eine höchst spannende Odyssee durch die Straßen deiner Stadt erleben! Spannung pur!

SCHWIERIGKEITSGRAD:

Stufe 1:	Kindergeburtstag	
Stufe 2:	Normale Härte	X
Stufe 3:	Heftig	
Stufe 4:	Arrrgh!	

Toll, wie diese Urlauber hier alles richtig machen!

Der Klaviertransport

Du kennst den Stan-Laurel-und-Oliver-Hardy-Kurzfilm *Der Klavier-Transport* (The Music Box – 1932), in dem die beiden einen chaotischen Klaviertransport durchführen?! Was die beiden nicht auf die Reihe kriegen, kriegst du doch mindestens genauso gut nicht auf die Reihe, oder?! Trommle ein paar Freunde zusammen und besorgt euch als Allererstes ein Klavier. Einerseits wäre es von Vorteil, wenn es sich dabei um ein eher wertloses Exemplar handelte – andererseits würde es die ganze Sache umso spannender machen, je wertvoller das Klavier ist.
Anschließend arbeitet ihr eine Route aus – und zwar eine mit schwachsinnigen Umwegen und nahezu unüberwindbaren Hindernissen, die euch quer durch die Stadt führt.
Als Hilfsmittel nehmt ihr Tragegurte und Rollbretter. Am Zielort sollte das Klavier auf möglichst spektakuläre Weise zerstört werden – damit ihr es nicht zurücktransportieren müsst!

SCHWIERIGKEITSGRAD:
Stufe 1: Kindergeburtstag
Stufe 2: Normale Härte
Stufe 3: Heftig
Stufe 4: Arrrgh! X

Besuche deinen fiesen Onkel und gehe auf ihn zu!

Der Verwandtschafts-Trip

Jeder hat sie, jeder kennt sie, jeder meidet sie: die ungeliebten Verwandten. Tatsächlich wird man über die eigene Herkunft in eine Beziehung zu ihnen hineingeboren – völlig ungefragt. Aber würde man ihnen auf offener Straße begegnen und freiwillig entscheiden können – die meisten würden die Straßenseite wechseln! Und das ist sehr, sehr ungerecht! Jeder Mensch darf so sein, wie er will – und du selbst bist auch nicht besser als dein Neffe zweiten Grades!

Also mache dich auf! Besuche der Reihe nach mindestens ein Dutzend (!) deiner »schwierigsten« im Umkreis lebenden Verwandten, also Tanten, Onkel etc.

– Bleibe jeweils einige Stunden!
– Verzehre alles, was man dir an Speisen und Getränken vorsetzt!
– Erkundige dich ausführlich nach Krankheitsgeschichten!
– Betrachte alle vergilbten Fotoalben mit großem Interesse!
– Schalte die Ohren nicht auf Durchzug, wenn man dir Geschichten aus längst vergangenen Zeiten erzählt und hochkomplizierte verwandtschaftliche Verhältnisse erläutert!
– Stimme in das Loblied über die Kinder deiner Verwandten, ihre beruflichen Triumphe, vorbildlichen Lebensweisen und beachtlichen Fortpflanzungserfolge mit ein!
– … und werde nicht unfreundlich und knalle nicht mit Türen, wenn man deine Art zu leben massiv kritisiert, boshaft kommentiert und hämisch belächelt!

Deine Neffen: Früher hast du mit ihnen im Sandkasten gespielt.

Onkel und Tante: Wenn man sich nichts zu sagen hat, können lustige Spiele helfen.

SCHWIERIGKEITSGRAD:
Stufe 1: Kindergeburtstag
Stufe 2: Normale Härte
Stufe 3: Heftig
Stufe 4: Arrrgh! **X**

»Urlaub ist die Fortsetzung des Familienlebens unter erschwerten Bedingungen.«

Dieter Hildebrandt

Die Entdeckung der Langsamkeit

Entdecke die Langsamkeit! Starte an einem besonders reizvollen Ort – in einem schönen Park oder dergleichen – und versuche so langsam zu gehen, wie nur irgend möglich. Also wirklich: gaaaanz laaaaangsaaaaam!!! Du solltest jedoch niemals stehen bleiben und auch keinen Schritt zurück machen, sondern dich stets in einer Vorwärtsbewegung befinden. Bei dieser ungewohnten Geschwindigkeit, die dir endlich einmal Gelegenheit gibt, deine Umgebung mit allen Sinnen wahrzunehmen, wirst du eine ganze Menge verblüffender Details entdecken, die dir sonst – bei dem enormen Tempo, das der gehetzte Mitteleuropäer üblicherweise an den Tag legt – sicher verborgen geblieben wären. Du wirst auf Wundervolles, Erstaunliches und Faszinierendes stoßen …! Wenn's dumm läuft, aber auch auf Verstörendes, Ätzendes und Erschreckendes …!
Sollte Ersteres der Fall sein, sauge es mit jeder Pore auf und genieße es!
Sollte jedoch Letzteres überhandnehmen, dann vergiss am besten den ganzen Quatsch und mach, dass du so schnell wie möglich nach Hause kommst!

SCHWIERIGKEITSGRAD:
Stufe 1: Kindergeburtstag **x**
Stufe 2: Normale Härte
Stufe 3: Heftig
Stufe 4: Arrrgh!

BALKONIEN-EXTRA-TIPP

Einer genaueren Planung bedarf dieser Trip nicht, denn du hast unterwegs reichlich Zeit, dir deine weiteren Schritte zu überlegen! Aber nimm reichlich zu essen und zu trinken mit!

Zwei markante Punkte auf der Straße. Die solltest du dir merken.

Dieser Weg wird ein weiter sein

Suche die längste Straße deiner Stadt heraus und gehe von einem Ende bis zum anderen. Starte frühmorgens mit Rucksack und Wanderschuhen. Hinterlasse an markanten Orten dein Namenskürzel und das Datum, und versuche, Souvenirs zu ergattern.
Lege zwischendurch mal eine Pause in einem netten Lokal ein (sofern es eines gibt). Verfasse dabei einen genauen Reisebericht, in dem du die spektakulärsten Eindrücke festhältst (sofern es welche gibt). Am Ende der Straße angekommen, gehst du auf der gegenüber liegenden Straßenseite zurück (sofern es eine gibt).

BALKONIEN-EXTRA-TIPP

Vereinbare mit einem Freund, dass dieser zeitgleich vom anderen Ende der Straße aus startet und dass er dabei die andere Straßenseite nimmt. Wenn ihr euch auf gleicher Höhe begegnet, könnt ihr euch über die Straße hinweg zuwinken. Dies ist genau die Art intensiver Erlebnisse, die fürs Leben zusammenschweißen!!!

Ein toller Tag am Pool

– aber ohne Luigi Maldonado

Verbringe einen wundervollen Sommertag am Pool oder im Schwimmbad, genieße das herrlich erfrischende Nass, nimm ein ausgiebiges Sonnenbad, spring vom 3-Meter-Brett, lies ein tolles Buch, verwöhne dich mit einem Eis und tu all die anderen Dinge, die dir Freude bereiten, sodass du, wenn der Abend dämmert, von ganzem Herzen sagen kannst: Das war ein toller Tag am Pool!

Wer keinen Pool hat, kann sich ja einen bauen. Diese Jungs zeigen, wie es geht, wenn man nur Bierkästen hat.

SCHWIERIGKEITSGRAD:
Stufe 1: Kindergeburtstag
Stufe 2: Normale Härte X
Stufe 3: Heftig
Stufe 4: Arrrgh!

BALKONIEN-EXTRA-TIPP

Was hat das alles mit Luigi Maldonado zu tun?!? Nichts und viel. Luigi Maldonado ist ein 46-jähriger italienischer Tankstellenpächter aus der Nähe von Rimini. Und er ist eine totale Nervensäge! Wirklich!!! Luigi geht jedem auf den Senkel – so geduldig kann niemand sein, als dass Luigi ihn nicht in Nullkommanix zur Weißglut treiben würde. Mit anderen Worten: Der Typ geht gar nicht! Aber Luigi kennt dich nicht. Und du kennst Luigi nicht. Zwischen euch besteht also keinerlei Verbindung, und daher verbringt ihr diesen Tag am Pool auch definitiv nicht gemeinsam. Und genau das ist das Beste an der Sache; das ist es, was diesen Tag im Endeffekt so fantastisch macht: dass du ihn nicht mit Luigi Maldonado verbringen musst. Also rufe dir immer wieder ins Gedächtnis: »Gott sei Dank ist Luigi nicht da … hab ich ein Schwein!!!« – so machst du aus einem relativ schönen Tag einen absolut tollen Tag!

Er (grüner Pfeil) hat schon zwei Kunden gewonnen (roter Pfeil). Um 15:00 Uhr geht seine Führung los.

Ego-Trip Deluxe

Es gibt viele bemerkenswerte Menschen mit interessanten Lebensläufen. Und du gehörst mit Sicherheit dazu – allerdings dürften das bisher die wenigsten wissen. Höchste Zeit also, das zu ändern!

Stelle im Stadtzentrum ein Schild auf: *»Heute 15:00 Uhr Touristenführung ›Auf den Spuren von … (dein Name)‹«.* Pünktlich um 15:00 Uhr holst du die Touristen am Schild ab, kassierst von jedem ein paar Euro und begibst dich mit ihnen auf eine Tour durch die Stadt, die euch zu den wichtigsten Stationen deines bisherigen Lebens führt. Deinem Geburtsort, deinem Kindergarten usw. Wo hast du als Kind Süßigkeiten geklaut, wo dein erstes Bier getrunken, wo den ersten Kuss bekommen?! Wo arbeitest du heute, wo kaufst du dein Gemüse, wo parkst du dein Auto?! Du trägst für die Menschen, die dich begleiten, eine große Verantwortung, die nicht zuletzt beinhaltet, ihnen Top-Unterhaltung auf internationalem Niveau zu bieten. Von daher ist es nicht nur dein Recht, sondern absolut deine Pflicht, Langweiliges aufzupeppen, Unrühmliches wegzulassen und frei erfundene, aber höchst spannende Episoden hinzuzudichten. Die Menschen möchten träumen, sie wollen zu jemandem aufblicken, sie brauchen Helden! Sei also ganz spontan, überrasche dich selbst und entdecke dabei deine Stadt und vor allem dich ganz neu – es ist <u>deine</u> Show!

Als Top-Highlight dieses exklusiven Events führst du die Touristengruppe schließlich zu deiner Haustür, gehst kurz hinein und kommst dann höchstpersönlich wieder heraus!

Unendlich begeisterte und zugleich erstaunte Menschen werden dir einen unvergesslichen Empfang bereiten. Begeistert, weil sie nun endlich die Gelegenheit haben, dem Menschen, über den sie bereits so viel Spektakuläres erfahren haben, von Angesicht zu Angesicht gegenüberzustehen, und erstaunt, weil du irgendwie gar nicht abgehoben, sondern so ganz und gar natürlich und normal geblieben bist … fast, als wärest du einer von ihnen!

Er hat bereits Stammkunden aus dem In- und Ausland. Vor allem aus Kuba.

»Hier auf diesem Stuhl habe ich es getan. Es war wunderbar!«

Einmal um die Welt in einem Tag

Mach dich bereit für das großartigste Abenteuer, von dem man je gehört hat – eine Reise um die Erde in nur 24 Stunden! Der nackte Wahnsinn!!! Und das Unglaublichste daran: Dazu musst du nicht einmal das Haus verlassen!

Auch wenn Schutzkleidung für diesen exklusiven Trip nicht zwingend vorgeschrieben ist, raten Experten dringend, robustes Schuhwerk, Knieschoner und einen TÜV-geprüften Sicherheitshelm anzulegen.

Sobald die Vorbereitungen abgeschlossen sind, setzt du dich vorsichtig auf einen stabilen (im Idealfall mit einem Sicherheitsgurt ausgerüsteten) Stuhl und nimmst eine lockere, aufrechte Position ein. Ausreichend Proviant in greifbarer Nähe sowie ein unverstellter Blick auf ein Fenster, um die Aussicht genießen zu können, wären vorteilhaft.

Jetzt befindest du dich bereits in der heißen Phase kurz vor dem Start. Atme noch einmal tief durch und gehe ein letztes Mal deine Checkliste durch. Schaue einfach auf die Uhr und sage »Take off!« … und schon geht's ab! Du befindest dich auf einer Reise um die Welt in nur 24 Stunden. Mit dir an Bord rotiert die Erde mit 2.000 km/h um ihre eigene Achse. UND DU BIST DABEI! Jules Verne war gestern – heute bis du der Held! Genial!

Die Ameise zeigt den Weg. Jetzt geht es erst mal nach links.

Folge der Ameise

Nimm einen Stadtplan, begib dich in den Garten und markiere auf dem Plan deinen exakten Standort. Suche nun eine Ameise, setze sie auf deine Handfläche und bemühe dich, ihr zu vermitteln – verbal, telepathisch, pantomimisch oder sonst wie –, was du von einer lohnenswerten Tour durch deine Stadt erwartest – tolle Läden entdecken, nette Menschen treffen oder der großen Liebe begegnen … Setze die Ameise anschließend an der Markierung auf dem Stadtplan aus und folge ihr mit einem Stift, bis sie den Stadtplan verlässt. Jetzt mache dich auf den Weg, folge zu Fuß der von der Ameise vorgegebenen Route und freue dich auf eine aufregende Tour durch die Stadt! Sei die Ameise in dir!

SCHWIERIGKEITSGRAD:
Stufe 1: Kindergeburtstag
Stufe 2: Normale Härte
Stufe 3: Heftig X
Stufe 4: Arrrgh!

BALKONIEN-EXTRA-TIPP

Verläuft die Tour erfreulich, gehst du bei deiner Rückkehr in den Garten und bedankst dich artig. Verläuft sie unerfreulich, verstreust du Ameisengift.

Formel 1 mit Bürostühlen

Deine Kollegin aus dem Büro fährt zur Formel 1 nach Monaco? Dein Nachbar ist jedes Jahr auf dem Hockenheimring dabei? Dein Vater trägt eine Schumi-Mütze? Wie langweilig! Starte deine eigene Formel 1! Und zwar hier und heute, an deinem Arbeitsplatz in deinem Büro! Gründe dein eigenes »Formula-one-office-chair-race«. Die Kollegen werden staunen und dich bewundern. Dein Chef wird dich loben für deinen Unternehmergeist.
Wie funktioniert das? Ihr fahrt mit euren Bürostühlen. Am besten verkehrt herum draufsetzen, damit ihr die Lehne wie ein Steuer halten könnt. Beschleunigt und gebremst wird mit den Füßen. Vorher muss genau die Strecke festgelegt werden, damit für alle Fahrer derselbe Weg gilt. Du wirst sehen: Alle wollen mitmachen! Und Bernie Ecclestone wird versuchen, dich zu verklagen!

Er hat gewonnen. Und sie ist stolz auf ihn.

BALKONIEN-EXTRA-TIPP

Die richtige Reihenfolge lautet: Erst die Trainingsrunden, dann das Qualifying, und zum Schluss das eigentliche Rennen. Nicht verwechseln!

SCHWIERIGKEITSGRAD:
Stufe 1: Kindergeburtstag
Stufe 2: Normale Härte
Stufe 3: Heftig X
Stufe 4: Arrrgh!

Wer hier vorbeikommt, darf sich freuen.

Tagestour mit Audio-Guide

Lass dir von einem Freund eine tagesfüllende Route ausarbeiten, die dich zu verschiedenen Punkten in der Stadt führt. Bitte ihn, für diese Route eine Kassetten-Aufnahme für dich zu besprechen, die dir vor Ort jeweils detailliert erklärt, was es dort Bemerkenswertes zu sehen gibt … vielleicht ein entzückendes Blumenbeet, ein hinreißendes Kunstwerk, eine Überraschung für dich oder auch ein Teich mit wahnsinnig niedlichen Entenküken …?!?

SCHWIERIGKEITSGRAD:
Stufe 1: Kindergeburtstag
Stufe 2: Normale Härte **X**
Stufe 3: Heftig
Stufe 4: Arrrgh!

BALKONIEN-EXTRA-TIPP

Falls dir bei dieser Nummer irgendwie der entscheidende Kick fehlt, bliebe noch Variante B: Lass deine Route nicht von einem Freund, sondern von einem Feind ausarbeiten …!

Frische Brise

Das Wichtigste am Urlaub ist doch immer wieder der Klimawechsel. Man packt die Koffer, um sich in der Ferne eine andere Luft um die Nase wehen zu lassen. Man wünscht sich eine frische Brise! Die Luft soll anders riechen als daheim, sie soll fremd und unbekannt duften, nach irgendetwas Exotischem, das man nicht kennt, vor allem nicht zuhause.

Das kannst du einfacher haben: Besorge dir eine handelsübliche Gasmaske mit Filter (nimm ruhig den billigsten), setze die Maske auf, und du wirst es sofort merken: Alles riecht jetzt anders. Nichts riecht mehr wie vorher.

Die Luft zum Atmen wirkt bleiern schwer, sie ist erfüllt von einem Hauch exotischen Gummi-Aromas, leicht ölig, auf jeden Fall eine intensive Mischung zahlreicher Aromen, die du vorher nie gekannt hast. Echt bereichernd!

SCHWIERIGKEITSGRAD:

Stufe 1:	Kindergeburtstag	
Stufe 2:	Normale Härte	
Stufe 3:	Heftig	X
Stufe 4:	Arrrgh!	

BALKONIEN-EXTRA-TIPP

Mal unter uns: Auch bei anstrengenden Fernreisen ist das Schönste doch eigentlich das Nach-Hause-Kommen, zurück in die vertraute Umgebung, die einem jetzt noch viel schöner vorkommt. Und genau so etwas erlebst du auch mit der Gasmaske: Wenn du sie nach 10 Stunden absetzt, bist du restlos glücklich mit deiner eigenen Luft daheim. Ahhh!

Dieses Haus hat gewonnen. Es steht in Hessen.

Hässliche Hütten

Bilde mit beliebig vielen Freunden eine Jury mit dem Ziel, das hässlichste Haus der Stadt zu finden und zu prämieren. Jedes Jurymitglied führt einen Klappstuhl sowie einige Bewertungstafeln (beginnend mit 0, endend mit 7 Punkten) für die Abstimmung mit sich. Zu Fuß schwärmt ihr einzeln oder zu zweit aus und durchstreift die Stadt. Wurde ein Kandidat ausfindig gemacht, werden die restlichen Jurymitglieder umgehend per Handy informiert. Vor Ort nehmt ihr auf euren Klappstühlen Platz, betrachtet das entsprechende Objekt schweigend und lasst es so mindestens 15 Minuten lang auf euch wirken. Ihr dürft euch die Entscheidung natürlich nicht zu leicht machen …! Führt sein Anblick unmittelbar zu Bauchkneifen, nässendem Ausschlag und büschelweisem Haarausfall?! Seid hart, aber fair.
Sobald ihr am Ende eines langen, strapaziösen Tages schließlich eure Wahl getroffen habt, schraubt ihr eine vorbereitete Goldplakette »Hässlichstes Haus der Stadt« an die Wand. Damit wäre euer Auftrag erledigt – gut gemacht!

SCHWIERIGKEITSGRAD:
Stufe 1: Kindergeburtstag **X**
Stufe 2: Normale Härte
Stufe 3: Heftig
Stufe 4: Arrrgh!

In diesem Paradiesweg haben sich Adam und Eva versteckt. Findest du sie?

Holiday in Paradise

Wenn du den Begriff »Paradiesweg« googelst, erhältst du ungefähr 28.000 Treffer. Suche den nächstgelegenen Paradiesweg auf, bekleidet mit nichts als einem Blatt, und verberge dich im Grünzeug. Koste alles, was die Natur dir so bietet, und halte nach einer Eva/einem Adam Ausschau!

SCHWIERIGKEITSGRAD:
Stufe 1: Kindergeburtstag
Stufe 2: Normale Härte **X**
Stufe 3: Heftig
Stufe 4: Arrrgh!

GENIAL-EXTRA-TIPP

Hüte dich vor Schlangen!

Höre seinen unglaublichen Geschichten zu.

Sie hat viel zu erzählen!

Iron Plem-Plem-Expedition

Bist du jemals jemandem begegnet, der eventuell ein klein wenig dümmlich war, also eher nicht ganz so intelligent, womöglich sogar extrem beschränkt?! Umgangssprachlich nennt man diese Menschen wohl etwas plem-plem oder schlicht »Idiot«. Diese ibeleidigende und abwertende Bezeichnung soll hier natürlich keinesfalls verwendet werden, schließlich kann niemand etwas für das, was er von der Natur mit auf den Weg bekommen hat. Zudem dürfte es wohl außer Frage stehen, dass *jeder* ein Mindestmaß an Respekt verdient hat. Von daher sollten sich also alle, die diesen unschönen Begriff – egal aus welchem Grund – benutzen, von ganzem Herzen schämen!
Andererseits ... bringt der englische Begriff *idiot* die Sache so schön auf den Punkt, dass an dieser Stelle doch nicht auf ihn verzichtet werden soll (wir schämen uns auch).
Also noch mal von vorne: Hast du jemals einen *idiot* getroffen?! Noch nie?!? Dann hast du echt etwas verpasst, denn *idiots* haben die tollsten Storys auf Lager – und im Allgemeinen stimmen sie Wort für Wort! Ja, schlicht gestrickte Zeitgenossen erleben Dinge, die sich der Durchschnittsmensch kaum vorzustellen vermag, weil diese Menschen 1. grundsätzlich gar nicht oder falls doch dann aber völlig falsch planen, – 2. das Wichtigste übersehen, da sie auf Nebensächlichkeiten konzentriert sind, und sich 3. – wenn's brenzlig wird – auf den gesunden Menschenverstand verlassen, den sie nicht besitzen. So ist für sie das ganze Leben ein einziges fantastisches Abenteuer. Beneidenswert?! Wohl kaum.

»Man sollte auch mal sinnvolle Wege verlassen.«

Auch dieser Mann lässt sich gehen.

Wenn du allerdings Lust darauf hast, deine Umgebung wirklich einmal auf ganz und gar außergewöhnliche Weise zu entdecken ... *do it the idiotic way!* Und die Umsetzung der *Iron Plem-Plem Expedition* ist denkbar einfach: Du hast kein Ziel, lässt dich einfach so treiben, und sobald dir eine Handlungsweise, eine Strategie in den Sinn kommt, auf die du im Normalfall zurückgreifen würdest, machst du eisern immer exakt das Gegenteil davon ...

- Sicher würdest du üblicherweise ein paar sinnvolle Dinge mit auf die Reise nehmen, also etwa Verpflegung, Handy, Bankkarte etc. Doch bei der Iron Plem-Plem-Expedition nimmst du einfach ohne nachzudenken irgendetwas mit, was dir gerade ins Auge fällt und dir unterwegs rein gar nichts nützt, zum Beispiel ein Laminiergerät!
- Vor der Haustür angekommen, würdest du jetzt vielleicht instinktiv das Stadtzentrum ansteuern, wo es diesen herrlichen Park und nette Biergärten gibt?! Stopp! Vollziehe sofort eine 180°-Wendung und spaziere in Richtung des öden Industriegebietes!
- Du hast die Orientierung verloren und triffst auf einen Postboten, der sich sicher in der Gegend auskennt?! Mach einen großen Bogen um ihn und frage lieber die reizenden japanischen Touristen.

Und so geht es immer immer weiter ... völlig idiotisch, oder?! Eine echt harte Tour. Deshalb haben wir ihr auch noch einen anderen Namen gegeben: Iron Idiot Expedition.

So toll wie damals: eine intensive Begegnung mit der eigenen Kindheit.

Kinder-frei-Zeit

Du hast Kinder und beneidest sie heimlich um ihre Freiheit? Du glaubst, deine eigene Kindheit kommt nie mehr zurück? Falsch! Kontaktiere alte Sandkastenfreunde oder verabrede dich mit deinen heutigen Freunden zu einer Reise zurück in die Kindheit. Trefft euch frühmorgens auf einem geeigneten Gelände und verbringt den Tag genauso, wie ihr ihn in der guten alten Zeit während der großen Ferien verbracht habt: Spielt mit Matsche, verkleidet euch als Indianer, lauft um die Wette, baut eine Hütte, ärgert euch gegenseitig, spielt Verstecken, esst Süßigkeiten bis zum Erbrechen, seid albern, singt alte Schlager, spielt Doktor, haut, kratzt und bespuckt euch und vertragt euch wieder …!

Wie Heino: Mit der passenden Musik kann man sich schnell wie in alten Zeiten fühlen.

Am späten Nachmittag kehrst du dann unendlich erschöpft heim, lässt dir von deinem Lebenspartner einen Klaps auf den Po geben, weil du die schmutzigen Schuhe nicht ausgezogen und die ganze Wohnung verdreckt hast, und gehst anschließend heulend ins Bett – gute Nacht!

SCHWIERIGKEITSGRAD:
Stufe 1: Kindergeburtstag
Stufe 2: Normale Härte
Stufe 3: Heftig
Stufe 4: Arrrgh! **X**

Wunderbar! Viele Koffer geben immer das Gefühl, eine lange Reise zu machen.

No Orient Express

Kaufe online ein Bahnticket nach Bad Salzuflen. Sobald du das Ticket in Händen hältst, gehst du mit großem Gepäck zum Bahnhof und erkundigst dich nach den Abfahrtszeiten des Orientexpress.
Wenn die Bahnmitarbeiter dich darauf hinweisen, dass du offensichtlich das falsche Ticket besitzt und der Orientexpress am betreffenden Bahnhof auch gar nicht abfährt, schenkst du ihnen einfach keinen Glauben – du wartest auf den Orientexpress, basta!

Verbringe die Wartezeit mit allen Annehmlichkeiten, die ein moderner Bahnhof so zu bieten hat. Schlendere vom Kiosk zur Würstchenbude, von dort zum Raucherbereich, von dort zur Anzeigetafel, von dort zur Toilette, von dort ins Café und von dort wieder zur Info, um dich erneut nach dem Orientexpress zu erkundigen. Und lege jeden Weg mit deinem kompletten Gepäck zurück.

Auch in Bad Salzuflen führen alle Gleise nach Istanbul.

Zwischendurch machst du Dehnübungen, legst du ein Nickerchen auf deinen Gepäckstücken ein, isst deine mitgebrachten Brote und hilfst älteren Damen beim Fahrkartenautomaten. Nach 24 Stunden verlässt du den Bahnhof.

SCHWIERIGKEITSGRAD:
Stufe 1: Kindergeburtstag
Stufe 2: Normale Härte X
Stufe 3: Heftig
Stufe 4: Arrrgh!

BALKONIEN-EXTRA-TIPP

Manche Bahnhöfe werden nachts geschlossen. Dann musst du draußen schlafen. Bringe dein Zelt mit! Bei gutem Wetter kann man eine Woche auf dem Bahnhof Urlaub machen.

Omas Strand ist überall.

Oma-Beach

Jeder kennt das: Die Strände sind gut gefüllt mit älteren Damen, die ihre Liegestühle in den Sand bohren, die die Sonne genießen – aber überhaupt nicht baden gehen! Untersuchungen haben bestätigt: Die meisten Omas fahren an die See, gehen aber nie ins Wasser! Und diese Omas haben Recht! Oft ist der Strand okay, aber das Wasser ungenießbar! Dort gehen nur Anfänger oder Ahnungslose ins Wasser. Omas haben erkannt: Strandleben braucht gar kein Wasser. Omas Strand ist überall. Und was Oma kann, das kannst du auch! Stell deinen Liegestuhl wohin du willst, wo gerade die Sonne scheint, Badeanzug angezogen – und schon ist Strandtag!

SCHWIERIGKEITSGRAD:
Stufe 1: Kindergeburtstag
Stufe 2: Normale Härte X
Stufe 3: Heftig
Stufe 4: Arrrgh!

Diese Eisdiele im »P1« ist eine echte Überraschung: berühmt für Qualität und Frische (Pfeil).

P1

Das »P1« ist nicht nur die angesagteste Diskothek in München, nein, das »P1« gibt es überall! Auch in Balkonien! Schau in deinem Stadtplan im Planquadrat »P1« nach, fahre dorthin, suche eine geeignete Gastronomie im »P1« und verbringe dort fröhliche Stunden. Vielleicht triffst du dort Olli Kahn. Oder Verena.

SCHWIERIGKEITSGRAD:
Stufe 1: Kindergeburtstag
Stufe 2: Normale Härte X
Stufe 3: Heftig
Stufe 4: Arrrgh!

BALKONIEN-EXTRA-TIPP

Wolltest du schon immer mal auf den Gipfel der Welt? Der »K2« ist für dich ab sofort kein Problem: einfach ein paar schöne Stunden im Planquadrat »K2« verbringen! Unbedingt Fotos machen! Und wie wäre es mit einem Tag in »MP3«?

Das ist das süditalienische Feeling.

Palermo

Was macht den Urlaub in süditalienischen Städten zu etwas ganz Besonderem? Richtig! Laute Straßen, dunkle Gassen, überall TV-Sat-Antennen und jede Menge Wäscheleinen über den Straßen. Für diese schönen Bilder muss jetzt niemand mehr weit reisen, du kannst es dir zuhause in Balkonien selbst so einrichten! Einfach die Nachbarn von gegenüber fragen, Wäscheleine rüberwerfen, fertig!

BALKONIEN-EXTRA-TIPP

Den besten Eindruck machen immer wieder Unterwäsche und Armani-Dessous in Übergrößen.

Dieser Mann fragt: Wo genau wohnen die Promis?

Pseudo-Promi-Tour

In Los Angeles gehören Promi-Touren zu den Wohnhäusern von Prominenten zum üblichen Touristenprogramm. In Deutschland ist dieses Urlaubsvergnügen eher selten, da es hier nun einmal nicht so viele Promis gibt und diesen meistens der Glamour der amerikanischen Weltstars fehlt. Wie wir jedoch durch eine Vielzahl von Casting-Shows haben erfahren dürfen (oder

Hier wohnen die wahren Stars!

müssen?!), steckt in uns allen ein Star! Miete mit Freunden einen Bus, sucht per Zufallsprinzip ein Dutzend Namen aus dem Telefonbuch und erklärt diese ahnungslosen Mitbürger zu euren Stars. Nun klappert ihr mit dem Bus die Behausungen eurer Stars ab.
Vor Ort versucht ihr jeweils einen Blick auf eure Promis zu erhaschen, fotografiert alles, was euch vor die Linse kommt, skandiert Sprechchöre, werft mit Slips und BHs, fallt in Ohnmacht, wenn sich etwas hinter einer Gardine bewegt, und wenn ihr ganz ganz mutig seid, klingelt ihr sogar und bittet schüchtern um ein Autogramm!

Seine Brille verrät: Er ist ein Star!

Die meisten Promis flüchten schnell. Daran erkennt man sie.

BALKONIEN-EXTRA-TIPP

Bitte notiere dir immer die Namen der neuen Pseudo-Promis. Denn wer weiß, vielleicht legst du hier den Grundstein, und irgendwann sind sie wirklich welche. Und du warst von Anfang an dabei!

SCHWIERIGKEITSGRAD:
Stufe 1: Kindergeburtstag
Stufe 2: Normale Härte
Stufe 3: Heftig **X**
Stufe 4: Arrrgh!

Dieser Panoramablick von der Queen Mary beweist: Eine Schiffsreise ist immer etwas Besonderes.

Queen Mary 2 Innenkabine

Verrammele alle Fenster und Türen deines Schlafzimmers, baue in deinem Schlafzimmer 4 Betten auf engstem Raum auf. Lade dazu drei eher unsympathische Freunde ein, mit denen du ungern dein Zimmer teilen willst. Nimm eine Wanne Wasser zum Zähneputzen mit hinein und Tabletten gegen Reiseübelkeit. Leihe dir in der Stadtbibliothek vier Bildbände über die Karibik aus (für jeden Gast einen). Höre eine CD mit Freddy-Quinn-Liedern und reise in einer »Innenkabine auf der Queen-Mary-2«.

Irgendwann wird dir im engen Raum der Sauerstoff knapp. In diesem Augenblick bitte nicht lüften. Jetzt beginnt erst das eigentliche Reiseabenteuer. Genieße das Engegefühl. Genieße den Ausnahmezustand. Auch auf der QE2 fällt immer wieder die Klimaanlage aus. Freue dich darauf, dass du dann irgendwann infolge von Sauerstoffmangel endlich in den wohlverdienten tiefen Schlaf fallen wirst und das Schnarchen und Röcheln deiner Mitreisenden nicht mehr hören musst. Tuut-tuuuuut!

SCHWIERIGKEITSGRAD:
Stufe 1: Kindergeburtstag
Stufe 2: Normale Härte X
Stufe 3: Heftig
Stufe 4: Arrrgh!

Restaurant-Tipps

Snick-Snack

Einen guten Snick-Snack findest du heute an jeder Ecke. Wenn nicht, frag jemanden, der einen kennt. Bei Snick-Snack kannst du nichts falsch machen. Bei Snick-Snack gibt es wahlweise Popcorn.

Geschmack	● ● ○
Preis	● ○ ○
Service	● ● ○
Angesagt	● ● ●

Oft helfen Empfehlungen weiter.

Volxküche

Gerade für sparsame Balkonien-Urlauber bieten die Volxküchen gute traditionelle Gerichte. Von superleckeren Suppen (€ 0,55) bis zu komplizierten Gemüse-Innovationen (€ 4,15) ist für jeden etwas dabei. Typisch für die Volxküchen: Warte, bis du platziert wirst!

Geschmack	● ● ●
Preis	● ○ ○
Service	● ● ●
Angesagt	● ○ ○

Praktisch: eine große Speisekarte für alle Gäste.

Restaurant-Tipps

Café Boulevard

Wenn du mal schick ausgehen willst, mal im Mittelpunkt sitzen und von den Passanten bestaunt werden willst, dann nimm Platz im super-angesagten »Café Boulevard«. Die Sonnenschirme können im Rasen auf dem Mittelstreifen befestigt werden. Achtung, Polizei!

Wer Stühle mitbringt, sitzt hier nett und zentral.

Geschmack	● ○ ○
Preis	● ● ●
Service	● ○ ○
Angesagt	● ● ●

Die kleine Kneipe

Da wird Peter Alexander blass vor Neid! Aber was wäre Balkonien ohne die schöne kleine Eckkneipe mit dem besonderen Charme. Früher eher ein Ort für Hoffnungslose, heute die coolste Adresse für Trendsetter.

Bei angesagten Geheimtipps bitte immer vorbestellen.

Geschmack	● ● ●
Preis	● ● ●
Service	● ○ ○
Angesagt	● ● ●

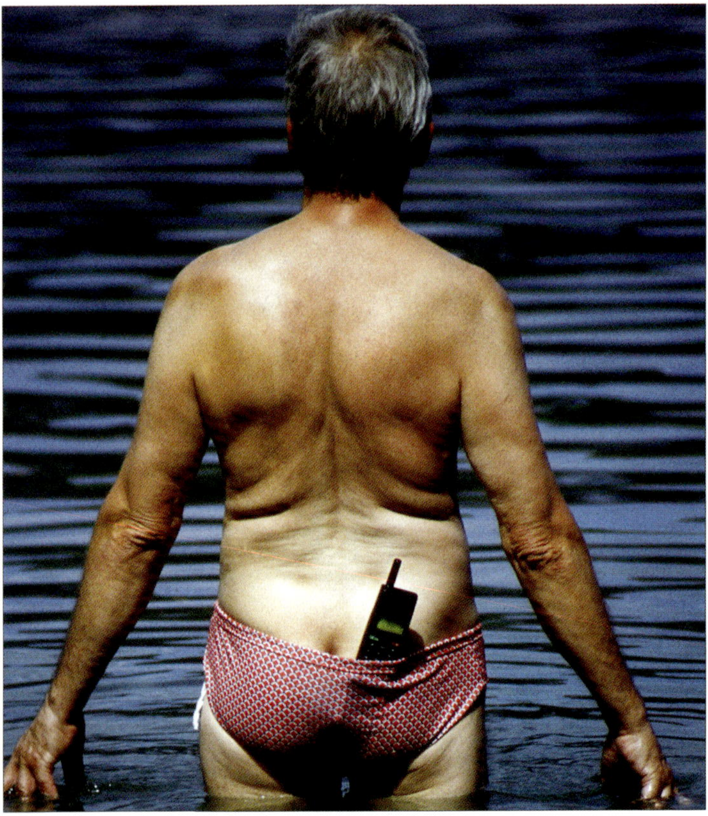

Dieser Mann hat's raus! Er hat sich gerade zum fünften Mal zum Sex verabredet. Am selben Tag! Per Telefon!

Sex On The Beach

Du möchtest *Sex On The Beach* haben ... *(hm, du hast aber scharfe Ideen)* ...?! Willst dazu aber nicht extra verreisen ... *(oooh, du siehst so sexy aus, während du dies liest)* ...?! Musst du auch nicht ... (oooh neiiin) ...! Schleiche dich am Abend mit deinem Partner ... *(lechz)* ... einfach an den Rand einer Kiesgrube, oder auf eine große Baustelle ... *(jaaa, eine große, große Baustelle)*. Falls du jedoch alleine Sex On The Beach haben möchtest ... *(keuch)* ... kannst du deinen Partner natürlich auch vor der Baustelle warten lassen ... *(oooh jaaa)*.

Auch im Freibad wollen doch alle das Gleiche.

So hat er die Frauen im Blick und wird trotzdem nicht erkannt.

Sucht euch einen schön gelegenen Sandhügel aus … *(knirsch, kicher, knutsch)* … legt dann in den mitgebrachten Ghettoblaster eine Meeresrauschen-CD ein … *(Sand?! Meeresrauschen?!? Woooow!)* … und jetzt kann's auch schon losgehen … *(oooooooooh ja, bitte)*!
Wenn ihr dann fertig seid … *(wie, schon fertig?!?)* … war's das … *(wie, das war's?!?)* …!

SCHWIERIGKEITSGRAD:

Stufe 1:	Kindergeburtstag	
Stufe 2:	Normale Härte	X
Stufe 3:	Heftig	
Stufe 4:	Arrrgh!	

BALKONIEN-EXTRA-TIPP

Wenn ihr Angst habt, erwischt zu werden, und lieber zuhause aktiv werden wollt, könnt ihr euch auch einen Container Sand liefern lassen. Und falls die Urlaubskasse dafür nicht genügend hergibt, reicht es auch völlig aus, wenn ihr ein paar Packungen Vogelsand auf dem Laminat verstreut …!

Morgens, wenn der Tag beginnt, sind Gefühle wie Sehnsucht und Liebe besonders stark.

Schlaflos in Seattle

Urlaubstage in Balkonien können so wunderbar romantisch sein! Wer kennt nicht den Kino-Klassiker »Schlaflos in Seattle«? Mit Meg Ryan und Tom Hanks? Erinnerst du dich, wie sie beide nächtelang wach liegen und sich nach Liebe sehnen? Wie sie aneinander denken – ohne sich je begegnet zu sein? Möchtest du auch mal wieder so starke Gefühle haben? Leidest du auch unter Schlaflosigkeit? Bist du auch oft schlaflos, hast aber gar nichts davon? Möchtest du deine Schlaflosigkeit endlich auch mal mit so großen Gefühlen verbinden wie die im Kino?
Kein Problem!
Und so geht es: Besonders romantisch sind die Minuten kurz vor und kurz nach Sonnenaufgang. Wenn die Luft noch frisch ist und der Tag noch ganz

unverbraucht. Dann beginnt ganz zart der neue Tag. Und dann ist die Sehnsucht am größten, dann sind die Gefühle am stärksten.
Stell dir deinen Wecker auf 1 Stunde vor Sonnenaufgang. Zieh dir ein paar hübsche Sachen an, fahr hinaus an einen besonderen Ort, wo du um diese Zeit mit Sicherheit allein sein wirst: an einen Fluss, auf einen Berg, auf eine Kuhweide.
Dort findest du das beste Ambiente für richtig starke Gefühle. Denke an deine große Liebe! Erinnere dich an deine erste Liebe! Erinnere dich an deine letzte Liebe! Fühle deine Sehnsucht nach der nächsten großen Liebe! Hauptsache: fühle irgendwas! Und zwar stark! Dann bist du »Schlaflos in Seattle«.

Frage die Passanten: Wo wurde das Foto gemacht?

Schnappschuss

Lass dir von Freunden ein Schnappschuss-Foto aushändigen, der dass diese an einem Ort in der Stadt zeigt, der nicht auf Anhieb zu identifizieren ist. Aufgabe: Finde den Ort und fotografiere dich an der exakt gleichen Stelle.

Bevor du startest, hinterlegst du bei deinen Freunden 100,– € in 20,– €-Scheinen. Um dir die Suche zu erleichtern, geben dir deine Freunde einen ersten Hinweis auf den Ort gratis mit auf den Weg.

Unterwegs kannst du Passanten nach dem Ort fragen, hast aber auch die Möglichkeit, deine Freunde telefonisch noch 5 weitere Male um einen Hinweis zu bitten. Allerdings kostet jeder Hinweis 20,– €.

Solltest du den Ort nicht innerhalb von 24 Stunden ausfindig machen, also kein Beweisfoto vorlegen können, geht das schöne, sauer verdiente Geld mit dem du so viel Besseres hättest anfangen können, komplett an deine Freunde!

SCHWIERIGKEITSGRAD:

Stufe 1:	Kindergeburtstag	
Stufe 2:	Normale Härte	X
Stufe 3:	Heftig	
Stufe 4:	Arrrgh!	

Sex-Tourismus: 6 von 10 sind betroffen (siehe Pfeile).

Sex-Tourismus für Daheimgebliebene

(politisch korrekt und trotzdem sexy)

Es gibt weitaus mehr Sex-Touristen, als man gemeinhin annimmt. Im Prinzip ist sogar *jeder* Tourist ein Sex-Tourist. Schließlich ist das Bedürfnis nach Sex – bewusst oder unbewusst – fast immer die Antriebsfeder unseres Handelns. Da liegt es auf der Hand, dass wir uns besonders vom Urlaub, der ja einzig und allein dazu gedacht ist, uns alle nur denkbaren Annehmlichkeiten zu gönnen, insgeheim ein amouröses Abenteuer erhoffen. Denn keinen Sex haben, können wir schließlich auch zuhause.
Aber muss man als Sex-Tourist denn unbedingt in ferne Länder reisen?! Kann man als Sex-Tourist nicht auch in Balkonien mit dem eigenen Partner Sex haben?! Was empfiehlt eigentlich der Tourismus-Verband?! Was kostet Sex-Tourismus zuhause?! Und was muss man tun, damit es mit dem Sex-Tourismus daheim auch reibungslos klappt?!
Die Antworten auf diese Fragen lauten: Nein. Doch. Keine Ahnung. Nichts. Folgendes:
Bitte deinen Partner, einen mehrwöchigen Sprachkurs etwa in Französisch, Italienisch, Albanisch, Finnisch oder Zulu zu besuchen. Die einzige Bedingung, die diese Sprache erfüllen muss, ist die, dass du sie nicht beherrschst – nicht ein einziges Wort!
Rechtzeitig zum Urlaubsbeginn sollte der Sprachkurs abgeschlossen sein,

und dein Partner darf ab jetzt nur noch in der betreffenden Sprache mit dir kommunizieren. Du wiederum hast dir vor Urlaubsbeginn ein entsprechendes Fremdsprachenlexikon besorgt, jedoch vor dem ersten Urlaubstag keinen Blick hineingeworfen.

Zusätzlich, um überhaupt kommunizieren zu können, darf er/sie 5 englische Wörter »beherrschen«, die zuvor bestimmt werden – naheliegend wären zum Beispiel »Hello«, »Love«, »Yes«, »Thanks« und »Goodbye«.

Ebenfalls rechtzeitig solltet ihr ein Szenario besprechen, das festlegt, wie und wo ihr euch begegnet und »kennen lernt«. Im Bahnhofsgetümmel?! Am See?! Wenn ihr ungerne aus dem Haus geht, könnt ihr euch natürlich auch »zufällig« in der heimischen Wäschekammer über den Weg laufen.

Ist der entscheidende Augenblick gekommen, solltet ihr alles ausblenden, was ihr bereits über einander wisst oder zu wissen glaubt – die künstliche Sprachbarriere sorgt für den Rest, sie lässt euch wieder neugierig aufeinander werden und garantiert jenen Hauch von Exotik, der dieser Art von erotischem Abenteuer erst die nötige Würze gibt! Und dann: ¡A la cama! (Ab ins Bett!)

SCHWIERIGKEITSGRAD:

Stufe 1:	Kindergeburtstag	
Stufe 2:	Normale Härte	
Stufe 3:	Heftig	
Stufe 4:	Arrrgh!	X

BALKONIEN-EXTRA-TIPP

Bei Paaren, die die Regeln des Sex-Tourismus für Daheimgebliebene auch nach dem Urlaub weiterhin beherzigen, sinkt die Scheidungsrate drastisch – dies aus dem einfachen Grund, weil eine derart stark eingeschränkte Kommunikation so gerade mal für die Themen Essen, Trinken, Wetter und Sex reicht – keinesfalls aber für so heiße Eisen wie Gefühle, Wünsche oder Zweifel. Und damit sind viele ebenso fruchtlose wie nervtötende Diskussionen schlicht nicht mehr möglich – was für eine riesige Erleichterung!

Alle Frauen haben gerne mitgesungen: Christina (2. v. li.) hat gewonnen.

Song Contest

Nichts kommt dem Gefühl, tatsächlich zu verreisen, so nahe, wie das Absingen von Liedern, die von fernen Orten handeln. Starte also einen spontanen Song-Contest mit den Nachbarn. Wer den Song mit dem entferntesten Ort im Text anstimmt, hat gewonnen!

Lied von Anna: *»Ich will zurück, ich will zurück, ich will zurück nach Westerlaaand!«*
Lied von Bettina: *»Olé, wir fahr'n zum Puff nach Barcelona – olé, olé ...!«*
Lied von Christina: *»It's Up To You, New York, New Yooork!«*

SCHWIERIGKEITSGRAD:
Stufe 1: Kindergeburtstag
Stufe 2: Normale Härte **X**
Stufe 3: Heftig
Stufe 4: Arrrgh!

Jede Straße hat das Zeug zu einer legendären »Route 66«. Super! Diese auch! Ganz klar!

Route 66

Manche Straßen sind anders als andere Straßen. Manche Straßen haben große Namen.
Nein, es geht nicht um die B1 bei Dortmund, auch nicht um die A9 bei Bitterfeld.
Die Straße mit dem größten Namen der Welt ist die »Route 66«. Dabei ist es eine Straße mit einer ganz normalen Nummer! Sie wurde in den USA bekannt als die erste durchgehende Ost-West-Verbindung, von Chicago bis nach Los Angeles.
Wie wurde sie so berühmt? Im Jahre 1946 fuhr Bobby Troup nach Los Angeles, in der Hoffnung auf eine Karriere als Musiker. Diese Aufbruchstimmung fasste er unterwegs in Worte und schrieb den Song *Get Your Kicks on Route Sixty Six*, der umgehend mit Nat King Cole veröffentlicht und später von Chuck Berry, den Rolling Stones und vielen anderen Musikern interpretiert wurde.
Schon Anfang der 60er Jahre gab es im US-Fernsehen eine Serie mit dem Titel »Route 66«, später spielten dort auch Roadmovies, wie der Klassiker »Easy Rider«.
Für viele Abenteuerurlauber ist es deshalb das Größte, einmal im Leben mit einem großen Motorrad über die »Route 66« zu fahren.
Wie? Du hast nicht genug Geld dafür? Wie? Du willst nicht so weit reisen? Recht hast du! Wozu auch? Auch in Balkonien gibt es eine »Route 66«!

Suche dir auf dem Stadtplan eine durchgehende Verbindung durch deinen Ort von Ost nach West. Es können auch mehrere kleinere Straßen sein. Markiere sie mit einer fetten roten Linie. Hänge den Stadtplan zuhause an die Wand. Schreibe daneben »In Love: My personal Route 66«.
Setze dich täglich mehrere Stunden davor und höre den Song dazu.
Und um das ultimative »Route-66-Abenteuer« zu erleben, leihst du dir für einen Tag Leder-Klamotten (schwarz, mit Fransen), dazu ein Motorrad oder ein Mofa, und brichst kurz vor Sonnenuntergang von Osten in Richtung Westen auf.
No problem, baby.

SCHWIERIGKEITSGRAD:
Stufe 1: Kindergeburtstag
Stufe 2: Normale Härte **X**
Stufe 3: Heftig
Stufe 4: Arrrgh!

Supernackt

Wer die Technik gut übt, hat es leichter.

Nachmittags wirst du in deiner Stammkneipe abgefüllt, bis du nicht mehr weißt, wo vorne und hinten ist. Punkt 20:00 Uhr setzt man dich dann irgendwo in einer menschenleeren Gegend aus – nackt!

Dein Auftrag lautet: Finde zu Fuß, ohne fremde Hilfe und ohne dich von der Polizei erwischen zu lassen, zurück in deine Stammkneipe, bevor sie schließt!

BALKONIEN-EXTRA-TIPP

Schaffst du es, rechtzeitig zurück in die Kneipe zu kommen, gewinnst du ein alkoholisches Freigetränk deiner Wahl. Falls nicht, musst du umgehend eine 14-tägige Bildungsrundreise zu den langweiligsten Stätten der europäischen Geschichte antreten (ebenfalls nackt)!

Was man hinter dieser Mauer sehen kann, ist der totale Wahnsinn! Echt!

Superneugierig

Du glaubst, du kennst in deiner Nachbarschaft schon jeden Winkel in- und auswendig? Du glaubst, du kannst in deiner Gegend nicht Neues mehr entdecken?
Falsch! Sei einfach neugieriger!
Sei superneugierig! Je neugieriger, desto besser. Achte vor allem auf Dinge, hinter denen etwas verborgen sein könnte, wie verdunkelte Fenster, verriegelte Türen, hohe Mauern, gesperrte Wege. Wo immer du merkst, dass jemand etwas verbirgt, fühle dich herausgefordert herauszufinden, was es ist.

Jeder denkt sofort: Hier ist ein Mord geschehen!

Tatort Manhattan

Suche dir an einem belebten Platz einen schönen Sitzplatz in einem Café, von wo aus du alles gut überschauen kannst. Dann legst du an einem bestimmten, für dich gut einsehbaren Ort Spuren eines Verbrechens aus. Kleiderstücke, Ketch-up-Blut mit Haarbüscheln, blutverschmierte Tatwaffe, Erpresser-Brief, Bündel fotokopierter Geldscheine etc. Inszeniere sorgfältig alle Tatspuren. Möglichst professionell, möglichst mit vielen Angeboten für die Spurensicherung.

Dann nimm Platz, bestelle dir einen Tee und stoppe die Zeit. Wie lange dauert es, bis Passanten das Verbrechen erkannt, darüber informiert und es gelöst haben?

BALKONIEN-EXTRA-TIPP

Achtung! Lass dich von der Polizei nicht in ein Verhör verwickeln. Du würdest dich als Einziger verdächtig machen und wahrscheinlich verhaftet für ein Verbrechen, von dem du als Einziger weißt, dass es *nicht* stattgefunden hat. Aber erkläre das mal der Polizei …

SCHWIERIGKEITSGRAD:
Stufe 1: Kindergeburtstag
Stufe 2: Normale Härte X
Stufe 3: Heftig
Stufe 4: Arrrgh!

Fühl dich frei wie beim Griechen am Strand.

Taverna Mykonos

Reserviere dir einen Tisch in einem griechischen Restaurant, in dem du noch nie warst. Qualität egal. Gehe vorher Schwimmen oder Duschen, trockne dich nicht ganz ab. Vor allem die Haare sollten tropfnass sein. Oder setze eine Badekappe auf (Foto). Creme dich dick mit Sonnenmilch (»Tiroler Nuss-Öl«) oder After-sun ein, sodass es ordentlich duftet. Lege dir ein Strandhandtuch locker über die Schultern. Je nach Wetter bitte kurze Hosen und Badelatschen. Betrete das Restaurant, als kämest du vom Strand. Und jetzt vor allem: Kein Wort Deutsch sprechen. Überlasse das dem Wirt. Jetzt genieße das »Mykonos-Gefühl«.

SCHWIERIGKEITSGRAD:
Stufe 1: Kindergeburtstag
Stufe 2: Normale Härte **X**
Stufe 3: Heftig
Stufe 4: Arrrgh!

Tagsüber liegen die Tiere müde im Gras. Aber warum sind Tiere im Tierpark am Tag immer so müde? Weil hier nachts die Post abgeht!

Tierpark bei Nacht

Kennst du das auch? Urlauber, die begeistert erzählen von sensationellen Tierabenteuern an exotischen Orten? Na zum Beispiel: »Whale-watching« in Australien, »Löwen-Safari« in Namibia oder »Elefanten-Reiten« im Dschungel?
Da kannst du getrost abwinken, das ist Schnee von gestern.
Die besten Tierabenteuer erlebst du hier, mitten in deiner Heimat.
Besuche den nächstgelegenen Tierpark. Verstecke dich abends kurz vor Schließung hinter einem dicken Baum. Wenn es dunkel ist, klettere vorsichtig und leise in dein Lieblingsgehege, besuche zum Beispiel die Kängurus oder die Zwergponys oder die Kamele.
Siehst du in der Nacht ihre dunklen Augen? Fühlst du ihren Atem? Bist du extrem aufgeregt? Hast du Respekt vor ihnen? Bist du in direktem Kontakt mit wilder Natur? Musst du dafür bis nach Australien?
Na also!

Allein mit 2.000 Hennen.

SCHWIERIGKEITSGRAD:
Stufe 1: Kindergeburtstag
Stufe 2: Normale Härte X
Stufe 3: Heftig
Stufe 4: Arrrgh!

BALKONIEN-EXTRA-TIPP

Wer inzwischen schon alle Tierparks bei Nacht kennt, dem empfehlen wir »Bauernhof bei Nacht«. Eine Nacht zwischen 2.000 Hennen in Bodenhaltung wirst du nie vergessen.

Ein großes Abenteuer! Auch für Frauen!

Tour de Kanal

Nimm an einem Tag an einer ganz normalen Führung durch deine Stadt teil – Rathaus, Museum, Denkmal … der übliche Kram eben. Nimm am nächsten Tag exakt die gleiche Route, aber unterirdisch, durch die Kanalisation! Hier erfährst du, was die Stadtführung verschweigt, siehst Dinge, die den Normalsterblichen üblicherweise verborgen bleiben – ja, hier erhältst du tatsächlich einen ungeschminkten Blick hinter die Kulissen!

BALKONIEN-EXTRA-TIPP

Während du oberhalb des Erdbodens für Souvenirs tief in die Tasche greifen musst, findest du einige Meter weiter unten eine Vielzahl origineller Erinnerungsstücke, die mitzunehmen dich nichts – höchstens ein bisschen Überwindung – kostet!

SCHWIERIGKEITSGRAD:

Stufe 1:	Kindergeburtstag	
Stufe 2:	Normale Härte	
Stufe 3:	Heftig	X
Stufe 4:	Arrrgh!	

Frage Passanten nach dem Weg zur dir nach Hause. So kommst du schnell in Kontakt.

Travelling home

... With A Little Help From My Fellow Citizens

Begib dich an das andere Ende der Stadt. Frage dich von dort bis zu deiner Straße durch. Tue unbedingt so, als ob du dich nicht auskennst. Befolge exakt die Wegbeschreibungen deiner Mitbürger – auch wenn sie falsch sind! Du wirst staunen, mit welcher Selbstsicherheit mache Mitbürger keine Ahnung haben, aber Fantasie.

SCHWIERIGKEITSGRAD:
Stufe 1: Kindergeburtstag
Stufe 2: Normale Härte X
Stufe 3: Heftig
Stufe 4: Arrrgh!

BALKONIEN-EXTRA-TIPP

Frage deine Mitbürger in englischem, französischem oder arabischem Akzent. Sofort werden die Wegbeschreibungen noch fantasievoller.

Überall Verbote, die uns alle einengen!

Tu dies nicht, tu das nicht ...

Wer verreist, tut dies meistens in dem Irrglauben, am Reiseziel endlich einmal alles machen zu können, wonach ihm der Sinn steht.
Doch das absolute Gegenteil ist der Fall: Nirgendwo wird man von derart vielen Verbotsschildern gegängelt wie in den überlaufenen Touristenhochburgen. »Ballspielen verboten«, »Musik machen verboten«, »In nasser Badekleidung die Hotelhalle betreten verboten« ...!
Klingt das vielleicht nach Freiheit?! Nach persönlicher Entfaltung?! Nicht wirklich, oder?! Warum also ein kleines Vermögen ausgeben, nur um irgendwo in einem fremden Land – wenn auch zugegebenermaßen bei tollem Wetter – von Verbotsschildern nahezu erschlagen zu werden?!
Da bleibt man doch lieber daheim, denn da kann man dasselbe haben – aber völlig umsonst!
Erstelle zunächst eine ausführliche Liste der Dinge, die du gerne tust, auf die du Lust hast. Entwirf anschließend am PC oder von Hand eine Vielzahl von Schildern (man kann auch welche aus dem Internet herunterladen), die genau diese Dinge verbieten.
Am Abend vor Beginn deines Urlaubs hängst, stellst und klebst du diese Verbotsschilder überall in deinem Wohn- und Lebensbereich auf und ... übertrittst am nächsten Tag – mit Beginn deines Urlaubs – der Reihe nach jedes einzelne dieser Verbote bis zum Gehtnichtmehr. Jawoll! Und das so oft und so lange, wie es dir Spaß macht!
Bongospielen im Bad ist verboten?! Ach ja?!? Du trommelst bis zum Tinni-

Ach so! Klar!

Sehr schön formuliert!

tus! Eisessen im Wohnzimmer ist nicht erlaubt?! Du isst so viel Eis und lässt es so sehr tropfen, bis die wertvolle Auslegeware völlig ruiniert ist! Das Mitbringen und der Verzehr alkoholischer Getränke ist auf der Terrasse nicht gestattet?! Prösterchen – da schmeckt's doch gleich doppelt so lecker!

Niemand hat DIR etwas zu verbieten (nicht einmal du selbst) – schließlich ist es DEINE Wohnung, ist es DEIN Leben und ist es DEIN Urlaub – also: LASS ES KRACHEN!

SCHWIERIGKEITSGRAD:
Stufe 1: Kindergeburtstag **X**
Stufe 2: Normale Härte
Stufe 3: Heftig
Stufe 4: Arrrgh!

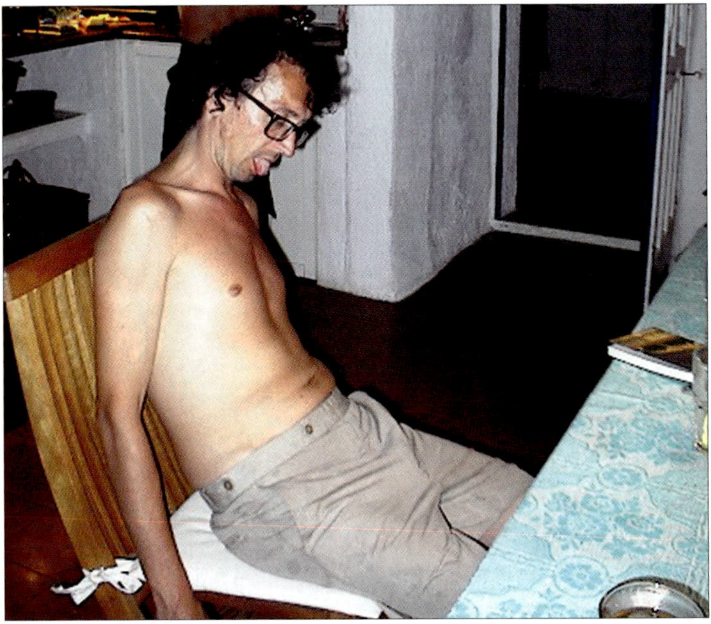

Gaaanz tief, gaaanz tief … »Oh, ist das schön hier!«

Ultra Hypnose-Abenteuer

Konsultiere einen Hypnotiseur, der dir suggeriert, dass du die Stadt, in der du lebst, noch nie zuvor gesehen hast, sie heute als Tourist zum allerersten Mal erlebst und es sich dabei um nichts weniger als die FANTASTISCHSTE!, HEISSESTE!, COOLSTE! und ABSOLUT ULTRAGEILSTE! Stadt des Universums handelt!!!!!!!!!!!!!!!!!!!!! Und dann stürze dich in das größte Abenteuer deines Lebens …!

BALKONIEN-EXTRA-TIPP

Notiere während dieses Trips deine euphorischen Eindrücke, um sie später mit der (bitteren?) Realität vergleichen zu können.

SCHWIERIGKEITSGRAD:

Stufe 1: Kindergeburtstag **X**
Stufe 2: Normale Härte
Stufe 3: Heftig
Stufe 4: Arrrgh!

Hier haben sich gleich 7 Urlauber versteckt, um sich suchen zu lassen. Um es den Freunden zu erleichtern, haben sie die Bäume nummeriert.

Urlaub im Gebüsch

Überrasche deine Lieben doch mal mit einem Abenteuerurlaub, an dem auch sie ihre helle Freude haben: Suche ohne Ankündigung eine abgelegene Gegend im Grünen auf, verstecke dich dort eine komplette Woche lang und teile deinen sämtlichen Freunden, Bekannten und Verwandten per SMS mit, wo ungefähr du dich befindest. Sie haben den Auftrag, dich zu suchen! Mei, des wird a Gaudi!

Mache es ihnen jedoch nicht zu leicht …

… gehe professionell an die Sache heran!
… verstecke dich mit aller Raffinesse!
… trage einen Tarnanzug!
… schmiere dir Erde ins Gesicht!
… bewege dich nur kriechend vorwärts!
… sei lautlos!
… mach kein Feuer!
… übernachte in Erdlöchern!
… und wechsle regelmäßig deine Position!

Wenn niemand es schafft, dich zu finden: Sei stolz!
Wenn niemand es schafft, dich zu finden, weil niemand dich gesucht hat: Sei sauer!

SCHWIERIGKEITSGRAD:
Stufe 1: Kindergeburtstag
Stufe 2: Normale Härte **X**
Stufe 3: Heftig
Stufe 4: Arrrgh!

Ja, gerade hier sind Könner gefragt.

Verkehrsinsel-Hopping

Zu den letzten unentdeckten Oasen der Entspannung gehören zweifelsfrei die innerstädtischen Verkehrsinseln. Hier macht dir niemand den Platz streitig, hier dürfte kaum wie aus dem Nichts eine lärmende Touristengruppe auftauchen, die dir die Ruhe nimmt, die Aussicht verdirbt und deine letzten Nerven raubt.

Also nahezu der ideale Ort, um – wenn du jung bist – ungestört zu chillen (engl. *kühlen*, *abkühlen*; im amerikanischen Slang auch: *sich beruhigen, sich entspannen, rumhängen, abhängen*) oder alternativ – wenn du nicht mehr ganz so jung bist – die Seele baumeln zu lassen.

Doch nach ca. 20–30 Minuten ist Schluss mit lustig, denn spätestens dann dürfte die von Verkehrsteilnehmern oder Anwohnern herbeigerufene Polizei eintreffen. Und da Urlaubsstimmung und der Anblick von Uniformen nicht miteinander harmonieren, empfiehlt es sich, rechtzeitig das Weite zu suchen.

Aber es gibt ja Unmengen weiterer Verkehrsinseln. »Hüpfe« im 20-Minuten-Takt von einer zur anderen, so bleibst du völlig unbehelligt und kommst ganz schön rum!

Willkommen daheim!

GUTSCHEIN

für zwei Übernachtungen daheim ...!

– Einzulösen in einem Schlafanzug deiner Wahl –

Gutscheincode 321-SLEEP

URLAUB-DAHEIM-GUTSCHEIN

für einen 4-stündigen, exklusiven

TV-Heimkino-Abend

(mit der eigenen Fernbedienung!)

Nicht übertragbar! Gutscheincode 666-FREE-TV-11

URLAUB-DAHEIM-GUTSCHEIN

für unbegrenztes »Shoppen« in den eigenen 4 Wänden

– Probier doch mal, ob dir deine Klamotten noch stehen –

Gutscheincode 007-ARMANIHOME-99

URLAUB-DAHEIM-GUTSCHEIN

für ein tägliches reichhaltiges Dinnerbuffet

– Zubereitet von deinem Lebenspartner –

Gutscheincode 224-STEAK+POTATO-45

Diese Frau ist glücklich! Denn der Zufall ergab: D wie Dixi.

Von A nach B

... mit dem langfristigen Ziel Z

Dies ist eine 26-Stationen-Reise durch deinen Wohnort, die sich am Alphabet orientiert. Bitte diverse Freunde, dir auf Zetteln jeweils einen Ort, der mit A anfängt, einen, der mit B anfängt usw. zu notieren – bis Z. Sortiere die Zettel dem Buchstaben nach in 26 Briefumschläge, sodass du einen Umschlag A voller Zielorte mit dem Anfangsbuchstaben A hast und so weiter.
Bei Reiseantritt ziehst du aus dem Umschlag A blind einen Zettel und hast nun deinen ersten Anlaufpunkt mit dem Buchstaben A. Es bleibt also völlig dem Zufall überlassen, ob du jetzt Aldi, das Affengehege im Zoo oder vielleicht auch die Anwaltskanzlei Jahnke & Wittkowski ansteuern musst. Dort eingetroffen, lässt du dich zum Beweis von Passanten fotografieren und ziehst dann den nächsten Zettel, und zwar nun einen – du ahnst es schon – aus dem Umschlag B mit lauter Anlaufpunkten, die mit B anfangen. So geht es immer weiter bis Z.

BALKONIEN-EXTRA-TIPP

Bereise nur die Vokale!

»Mensch, gestern ist hier wieder was passiert!«

Victim in Las Vegas

Zum perfekt gelungenen Urlaub gehört es auch, dass man etwas richtig Schlimmes erlebt hat, von dem man ausführlich und dramatisch erzählen kann. Zum Beispiel wurde einem in Neapel die Brieftasche geklaut (»Mafia!«). Oder in Manhattan war man stundenlang im Fahrstuhl eingeklemmt (»Horror!«). Oder in Paris hatte man einen Autounfall (»Totales Chaos!«). Oder man wäre in Las Vegas fast von einem Kleinwagen überfahren worden (»Mega-Truck!«).
Eigentlich alles total banale Dinge, die uns täglich überall passieren. Aber weil es im Urlaub passiert, ist es etwas Besonderes und wird super-spannend erzählt! Also erzähle auch von deinen Alltags-Erlebnissen in Balkonien gefälligst etwas spannender!
Zum Beispiel: »Der Bus kam immer näher und näher, da bin ich gerannt um mein Leben!«
Oder: »Es geschah früh am Morgen: Erst lauerte mir mein Mann am Frühstückstisch auf, dann beobachtete er mich die ganze Zeit hinter seiner Zeitung. Er sagte nichts, aber ich wusste genau, in welcher Gefahr ich mich befand …«

Er überquert gerade den Himalaja auf einem Fahrrad.

Weltreise im Schlaf

»Der Schlaf ist wie ein großes, grenzenloses, fremdes Land!« Das haben Schlafforscher aus aller Welt auf der Tagung in Offenbach letztes Jahr erkannt. Und sie haben Recht. Folge ihrem Rat!
Wenn dir also daheim gerade zu langweilig ist, hau dich spontan, wo du gerade bist, aufs Ohr und verreise ins Land der Träume.

Amazonas? Serengeti? Nil-Delta? Alles nichts gegen das Land deiner Träume! Gute Reise!

SCHWIERIGKEITSGRAD:
Stufe 1: Kindergeburtstag **X**
Stufe 2: Normale Härte
Stufe 3: Heftig
Stufe 4: Arrrgh!

Genau an dieser Stelle steht eigentlich der Buckingham Palace.

Worldwide Sightseeing

Besorge dir Stadtpläne bekannter Metropolen und einen Stadtplan deiner Stadt. Lege sie so übereinander, dass die Rathäuser an gleicher Stelle sind und auch die Himmelsrichtungen übereinstimmen. Trage nun in den Stadtplan deiner Stadt die Standorte berühmter Sehenswürdigkeiten, wie etwa den Eiffelturm, den Buckingham Palace, den Roten Platz, das Opernhaus von Sydney, den Times Square und so weiter ein. Besuche dann die berühmtesten Sehenswürdigkeiten der Welt in deiner Stadt!

SCHWIERIGKEITSGRAD:
Stufe 1: Kindergeburtstag
Stufe 2: Normale Härte X
Stufe 3: Heftig
Stufe 4: Arrrgh!

BALKONIEN-EXTRA-TIPP

Falls du gerne bastelst, wäre es doch eine großartige sinnlose Aufgabe, Modelle der berühmten Sehenswürdigkeiten anzufertigen, jeweils vor Ort aufzustellen und ein Foto zu machen!!

NEU: Urlaub ohne Kinderstress! (In Deutschland bislang nur mit 10 Sitzen lieferbar.)

XXL-Familien-Kutsche »Cage«

Häufig verbringen kinderreiche Familien den Urlaub notgedrungen daheim, da eine Reise für eine vielköpfige Gruppe einen oder maximal zwei Verdiener vor eine unüberwindliche finanzielle Hürde stellt.

Doch ist der Urlaub in heimischen Gefilden auch kein Zuckerschlecken, denn kaum begibt sich die ganze Bagage ins Freie, werden vom Nachwuchs permanent völlig überzogene Ansprüche gestellt. Da heißt es: »Mama, darf ich ein Eis?«, »Darf ich in einen Cheeseburger?« oder »Papa, krieg ich eine Kleinigkeit von Dolce & Gabbana?!«

Deeskalierend wirkt hier die XXL-Familien-Kutsche »Cage«, ein nach praktischen Gesichtspunkten geformter, mobiler Designerkäfig, welcher es der ganzen Familie ermöglicht, gemeinsam die Umgebung zu erkunden, ohne dass die Eltern sich das ständige Genöle anhören müssen.

Diese sitzen unbehelligt im 3-Sterne-Interieur des Zugfahrzeugs und genießen Erfrischungen der Spitzenklasse, während die undankbar schmollende Kinderschar hinten im eher nüchtern gehaltenen Käfig sicher verwahrt ist – somit schon mal einen Einblick in mög-

Wer da nicht einsteigen möchte, muss eben alleine in der Ecke sitzen (Foto) und sich von seiner blöden Schwester bewachen lassen (rechts).

liche Zukunftsperspektiven gewährt bekommt, für den Fall, das weiterhin permanent die Schule geschwänzt wird – und sich voll und ganz auf die Schönheiten der Umgebung konzentrieren darf!

SCHWIERIGKEITSGRAD:
Stufe 1: Kindergeburtstag **X**
Stufe 2: Normale Härte
Stufe 3: Heftig
Stufe 4: Arrrgh!

Schon früh am Morgen kommen die ersten Touristen aus Fernost und machen Fotos von deinem Kunstwerk.

XXL-Kunst

Nimm dein Lieblingsmotiv – ein bekanntes Kunstwerk, ein CD-Cover oder (falls du eher einer von der schrägen Sorte bist) vielleicht auch ein Foto des Bundespräsidenten – und projiziere es an eine Wand, an der ein Stadtplan hängt. Übertrage die Konturen des Motivs auf den Stadtplan, kaufe dir eine Palette Kreide und male das Bild riesengroß auf die Straßen und Plätze deiner Stadt. Mit Freunden macht's natürlich mehr Spaß und geht erheblich schneller. Wenn du dir das Ergebnis später anschauen möchtest – etwa aus einem Heißluftballon, einem Flugzeug oder über maps.google.com –, sollten die Linien schon mindestens 10 cm breit sein!

BALKONIEN-EXTRA-TIPP

Falls du mit dem Gedanken spielst, auch noch die Flächen farbig auszumalen, bedenke bitte: Dafür brauchst du definitiv SEHR viel Kreide, SEHR viele Freunde und SEHR SEHR viel Zeit!

SCHWIERIGKEITSGRAD:

Stufe 1:	Kindergeburtstag	
Stufe 2:	Normale Härte	X
Stufe 3:	Heftig	
Stufe 4:	Arrrgh!	

So sieht ein typischer Notausgang aus: Schon mal gesehen?

Zum Emergency Exit

Ob im Fitnesscenter, Opernhaus oder in der Table-Dance-Bar: Notausgänge finden sich überall. Fragt sich nur, wohin sie führen?! Lust, das Geheimnis zu lüften?! Nein?!? Dann hast du die allerbesten Vorraussetzungen, denn einen Notausgang benutzt man selbstverständlich nicht aus einer Laune heraus, sondern nur gezwungenermaßen. Denk dir ein Horrorszenario aus, das dich dazu bewegen könnte, einen Notausgang zu benutzen …

- Schlimm: Du gehst durch eine Tiefgarage und stellst fest: Es brennt!
- Vielleicht schlimmer: Du befindest dich auf einem Konzert, und plötzlich läuft jemand Amok!
- Extrem schlimm: Deine herzensgute Mutter hat dich in ein Kaufhaus geschleift, mit dem unerschütterlichen Vorsatz, dich – nach ihrem Geschmack – neu einzukleiden!

Was machst du in allen drei Fällen?! Klar, du nimmst den Notausgang! Wähle ein individuell auf dich und deine Urängste abgestimmtes Szenario, um dir den größtmöglichen Druck zu machen. Starte dann beim nächst-

SCHWIERIGKEITSGRAD:

Stufe 1:	Kindergeburtstag	
Stufe 2:	Normale Härte	
Stufe 3:	Heftig	X
Stufe 4:	Arrrgh!	

besten Notausgang, flitze hindurch und suche zielstrebig und schnell – wie von Furien gehetzt – den nächsten und den nächsten und so weiter. Das Ziel ist, so viele Notausgänge hinter dir zu lassen, wie dein Leben Jahre zählt!

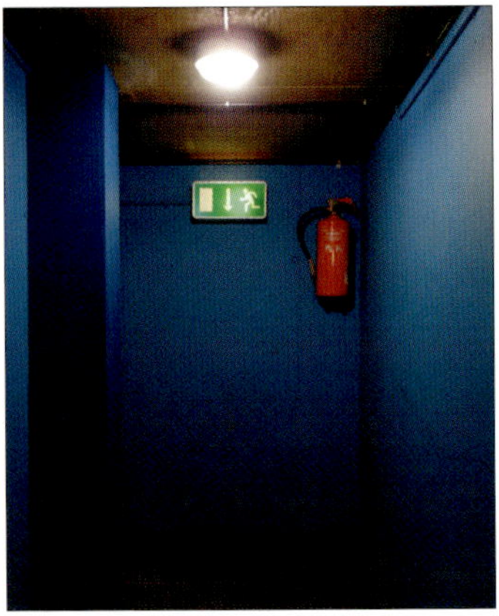

Notausgang! Da musst du durch!

Dann hier durch …

Noch einer! Hier entlang!

Hoppla! Na ja, nur Mut …

BALKONIEN-EXTRA-TIPP

Wie, dir klingt diese Idee zu spinnert? Zu beliebig? Du vermisst eine Philosophie? Dann unterschätzt du die Emergency-Exit-Tour sträflich, denn sie beinhaltet nichts Geringeres als ein, ja, Heilsversprechen (jetzt kommt's – bitte festhalten): Wird nicht – wenn wir den letzten Notausgang durchschritten haben – alle Not hinter uns liegen?!
(Das war's – bitte wieder loslassen.)

Notausgang! Da steht etwas …

… ach so! Egal, du musst durch!

Und noch einer! Bist du jetzt schon draußen? Oder bist du noch drin? Oder führt das nächste Schild wieder ins Haus zurück? Oder was?

Auch ihr hat der Abenteuer-Urlaub in Balkonien riesig Spaß gemacht. Aber sie schämt sich dafür und will nicht erkannt werden. Warum nicht?

Zum Schluss

Was war das für ein großartiger Urlaub! Jetzt schaust du zurück auf 14 Tage tollen Abenteuer-Urlaub in Balkonien und kannst wirklich zufrieden sein. So etwas Abgefahrenes hast du sicher noch nie erlebt. Endlich mal was anderes als Mallorca oder Malediven – und preiswerter war es obendrein! Da wirst du am Montag im Büro viel zu erzählen haben, und die Kollegen werden gebannt zuhören und staunen, was du dich im Urlaub alles traust!

Apropos »sich trauen«: Leider hat Balkonien als Urlaubsland immer noch einen schlechten Ruf. Manche Mitbürger trauen sich nicht, nach Balkonien zu reisen, weil der Name oft noch in Verbindung gebracht wird mit kleinbürgerlicher, spießiger Idylle aus den 50er und 60er Jahren.

Es ist allerhöchste Zeit, mit diesen Vorurteilen aufzuräumen. Und zwar gründlich. Balkonien gehört die Zukunft! Eine neue, junge Generation lernt Balkonien neu kennen und lieben.

Eine junge Abenteuer-Urlauberin (Foto oben, Name der Redaktion bekannt), die schon viel Abenteuer-Erfahrung hat (5 x Trekking im Himalaja, 2 x Jogging im Death Valley, 2 x Whale-watching in Alaska), ist inzwischen selbst über-

zeugte Balkonien-Urlauberin geworden.
Aber auch sie kennt das Problem mit dem schlechten Image und will nicht erkannt werden.
Dem Autor sagte sie: »Meine Eltern sollen nicht erfahren, dass ich Balkonien-Fan bin! Sie wollten immer, dass ich ins Ausland fahre und fremde Länder kennen lerne. Meine Eltern wollten immer, dass ich es mal besser haben sollte als sie. Aber das ferne Ausland ist inzwischen so langweilig! Verglichen damit ist Balkonien heute echt angesagt!«
Dem ist nichts hinzuzufügen!
So wie diese Frau denken viele.

Willkommen daheim!

GUTSCHEIN

für einen leckeren Begrüßungskuss
am 1. Urlaubstag daheim ...!

– Einzulösen an einem Spiegel deiner Wahl –

Gutscheincode 323-KISS-99

URLAUB-DAHEIM-GUTSCHEIN

für eine 2-stündige, exklusive
Sightseeing-Tour über den Dächern deiner Stadt

(Oben auf dem Dach deines Hauses. Bei Mietshäusern Schlüssel
beim Hausmeister unter Vorwand besorgen.)

Gutscheincode SKY-IS-THE-LIMIT-005

URLAUB-
DAHEIM-
GUTSCHEIN

für unbegrenzte »Wellness« in den eigenen 4 Wänden

– Nur gültig in Verbindung mit Badehandtuch und Badelatschen –

Gutscheincode 000-RELAX-84

URLAUB-
DAHEIM-
GUTSCHEIN

für ein reichhaltiges Picknick-Paket

– Für alle, die mal den ganzen Tag nicht die Küche betreten wollen
und den Tag nur im Wohnzimmer bleiben –

Gutscheincode 225-PICKNICK-48

Statistiken

Beinhart!

- 44 % vermissen beim Urlaub in Balkonien schmerzlich den Anblick der Stewardessenbeine!
- 89 % vergessen nach dem Urlaub, wieder zur Arbeit zu gehen!
- Und ganze 12 % lassen – auch wenn sie den Urlaub zuhause verbringen –, die Blumen von den Nachbarn gießen!

Animierend!

- 28 % erwarten beim Urlaub zuhause von ihrem Lebenspartner Animationen auf professionellem Niveau!
- 62 % grillen, als gäb's kein Morgen!
- Und 82 % glauben, dass die Zahl der Daheimurlauber in den kommenden Jahren sinken, wachsen oder stagnieren wird!

Genial!

- 21 % halten die Idee des »Urlaubs daheim« für *den* Geheimtipp der Saison!
- 36 % bitten den Postboten, sie mit Sonnenmilch einzucremen!
- Und 45 % finden es »genial«, sich beim Urlaub daheim keine Sorgen darüber machen zu müssen, ob das Bügeleisen ausgestellt ist!

Heimweh!

- 2 % vermissen beim Urlaub zuhause das Ritual des Kofferpackens!
- 55 % lassen sich im Urlaub daheim »von vorne bis hinten« bedienen!
- Und 6 % bekommen auch beim Urlaub zuhause Heimweh!

Statistiken

Persönlich!

- 54 % der Daheimurlauber empfinden für Mallorca-Reisende allenfalls Mitleid!
- 3 % überbringen – da sie ja sowieso in der Nähe sind – ihre Urlaubspostkarten persönlich!
- Und immerhin 73 % finden es daheim nicht so warm wie in südlichen Urlaubsländern und machen dafür in erster Linie die Temperaturen verantwortlich!

Do not disturb!

- 37 % haben kein Problem damit, den Urlaub daheim zu verbringen, sofern der Rest der Familie eine Fernreise bucht!
- 43 % hängen auch zuhause gerne mal ein »Do not disturb«-Schild an die Tür!
- Und 23 % wollen auswandern, um den nächsten Urlaub daheim mal in einem anderen Land zu verbringen!

Sauber!

- 77 % möchten im Urlaub braun werden!
- 31 % ärgern sich im Urlaub schwarz!
- Und 58 % versuchen einfach nur, im Urlaub sauber zu bleiben!

Wer weiß?!

- 47 % hatten im Urlaub schon mal eine Affäre!
- 51 % hatten im Urlaub noch keine Affäre!
- Und 2 % antworteten mit »weiß nicht«!

Preise

Bei der Entscheidung zwischen einem Urlaub in Balkonien und einem Urlaub woanders kann ein Blick auf diese Getränkekarte hilfreich sein. Wir haben einmal ausgerechnet, was Getränke kosten, wenn du die Flaschen selbst kaufst und die Gläser zuhause in deinem Wohnzimmer selber füllst. Bereite dich auf einen kleinen Schock vor!

Getränkekarte für zuhause

Alkoholfreie Getränke		**Zuhause**	**Woanders** (z. B. Disko)
Cola	0,2 l	ca. 0,15 €	ca. 2,00 €
Cola Zero	0,2 l	ca. 0,15 €	ca. 2,00 €
Sprite	0,2 l	ca. 0,15 €	ca. 2,00 €
Fanta	0,2 l	ca. 0,15 €	ca. 2,00 €
Mineralwasser	0,2 l	ca. 0,05–0,30 €	ca. 2,00 €
Tasse Kaffee		ca. 0,03–0,15 €	ca. 1,80 €
Milchkaffee		ca. 0,10–0,30 €	ca. 2,00 €
Latte Macchiato		ca. 0,10–0,30 €	ca. 2,20 €

Bier		**Zuhause**	**Woanders** (z. B. Disko)
Beck's	Fl. 0,33 l	ca. 0,60 €	ca. 2,20 €
Beck's Gold	Fl. 0,33 l	ca. 0,60 €	ca. 2,20 €
Beck's Level 7	Fl. 0,33 l	ca. 0,60 €	ca. 2,20 €
Beck's Green Lemon	Fl. 0,33 l	ca. 0,60 €	ca. 2,20 €
Beck's Chilled Orange	Fl. 0,33 l	ca. 0,60 €	ca. 2,20 €
Beck's Alkoholfrei	Fl. 0,33 l	ca. 0,60 €	ca. 2,20 €
Veltins V+	Fl. 0,33 l	ca. 0,50 €	ca. 2,00 €
Desperados	Fl. 0,33 l	ca. 1,50 €	ca. 3,20 €
Desperados XL	Fl. 0,65 l	ca. 3,20 €	ca. 6,50 €
Paulaner	Fl. 0,5 l	ca. 0,75 €	ca. 3,20 €
Erdinger	Fl. 0,5 l	ca. 0,75 €	ca. 3,20 €

Preise

Sekt & Wein		Zuhause	Woanders (z. B. Disko)
Freixenet Carta Nevada Halbtrocken	Fl. 0,7 l	ca. 5,50 €	ca. 18,00 €
Freixenet Carta Nevada Trocken	Fl. 0,7 l	ca. 5,50 €	ca. 18,00 €
Mumm Halbtrocken	Fl. 0,7 l	ca. 5,50 €	ca. 18,00 €
Mumm Trocken	Fl. 0,7 l	ca. 5,50 €	ca. 18,00 €
Viala Weißwein Trocken	Fl. 0,7 l	ca. 3,00 €	ca. 10,00 €
Viala Rotwein Trocken	Fl. 0,7 l	ca. 3,00 €	ca. 10,00 €

Spirituosen 2 cl		Zuhause	Woanders (z. B. Disko)
Jim Beam Bourbon	40,0 % Vol.	ca. 0,30 €	ca. 1,80 €
Puschkin Vodka	37,5 % Vol.	ca. 0,20 €	ca. 1,80 €
Bacardi Rum	37,5 % Vol.	ca. 0,30 €	ca. 1,80 €
Pernod	40,0 % Vol.	ca. 0,30 €	ca. 1,80 €
Mariacron	36,0 % Vol.	ca. 0,20 €	ca. 1,80 €
Jägermeister	35,0 % Vol.	ca. 0,30 €	ca. 1,80 €
Batida de Coco	16,0 % Vol.	ca. 0,25 €	ca. 1,80 €
Southern Comfort	37,5 % Vol.	ca. 0,45 €	ca. 1,80 €
Sierra Tequila Silver	38,0 % Vol.	ca. 0,35 €	ca. 1,80 €
Sierra Tequila Gold	38,0 % Vol.	ca. 0,35 €	ca. 1,80 €
Baileys	17,0 % Vol.	ca. 0,30 €	ca. 1,80 €
Sambuca	40,0 % Vol.	ca. 0,20 €	ca. 1,80 €
Ramazzotti	30,0 % Vol.	ca. 0,30 €	ca. 1,80 €
Johnny Walker Red	40,0 % Vol.	ca. 0,30 €	ca. 1,80 €
Gemixt mit Cola, Fanta, Sprite, Ginger Ale +		ca. 0,10 €	ca. 0,40 €

Aus der Reihe »Genial Reisen«

Trennungs-Reisen

Die unromantischsten Orte der Welt

Die Gefühle sind erkaltet, doch der Partner besteht auf dem Versuch, die Sache durch einen gemeinsamen Urlaub noch einmal herauszureißen?! Na schön, dann tun Sie ihm den Gefallen, aber meiden sie romantische Orte, die Sie dazu verleiten könnten, die Realität aus den Augen zu verlieren, unhaltbare Dinge zu versprechen und so weitere Jahre sinnlos zu verschwenden. Wir präsentieren Ihnen die unromantischsten Orte der Welt, die es Ihnen leicht machen, emotional auf dem Boden der Tatsachen zu bleiben.

Schönheits-Reisen

Urlaubsreisen nach Osteuropa inkl. Schönheits-OP

Schönes sehen und schön aussehen?! Wo geht das denn?!? In Tschechien, Ungarn oder Polen! Für ein Taschengeld machen hier von ethischen Bedenken unbelastete, in Wochenendseminaren und Fernkursen ausgebildete Nebenerwerbschirurgen mit Ihrem Gesicht, was immer Sie möchten. Und nach den OPs können Ihre entzündeten Augen sich dann an den Schönheiten der osteuropäischen Natur laben – tja, was will man mehr?!

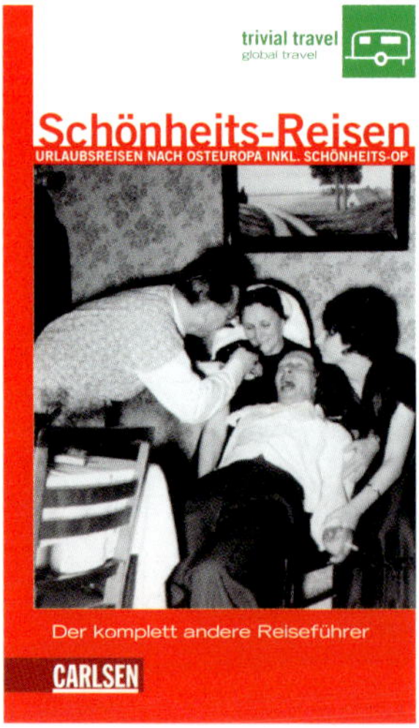

Arbeits-Reisen

Malochen im Urlaub
Wenn Sie nichts als Arbeit kennen, könnte es Ihnen leicht passieren, dass Sie im Urlaub in Depressionen verfallen. Dies lässt sich leicht verhindern, indem Sie an Ihrem Urlaubsort arbeiten. Ach, was heißt arbeiten: malochen! Und zwar so richtig!!! Helfen Sie bei der Ernte, schleppen Sie Steine oder teeren Sie Straßen, mit anderen Worten: arbeiten Sie sich genüsslich die Finger wund und das gegen entwürdigend schlechte Bezahlung – eben so, wie Sie es aus ihrem Alltag gewohnt sind! Dieses Buch zeigt Ihnen die absolut härtesten Jobs an einigen der herrlichsten Orte der Welt!

Wild Wild Women

Abenteuerurlaub für Frauen
Wo kann eine starke Frau noch eine starke Frau sein?! Überall wird man in Watte gepackt, mit Frauenparkplätzen, Frauentaxis und Frauenbeauftragten verhätschelt und verweichlicht. Schluss damit! Frauen scheuen sich ebenso wenig, dem Tode ins Gesicht zu lachen, wie die Männer, und beweisen dies tagtäglich – zum Beispiel als Testpilotinnen für mordsgefährliche Groschenhoppelgeräte! Aber erst recht natürlich im Urlaub! Wo auf der Welt Frauen ihr natürliches Bedürfnis nach Abenteuern ausleben können, zeigt Ihnen dieses Buch (… und wo Sie notfalls einen Mann finden, der Ihnen aus der Patsche hilft, übrigens auch!).

Bildnachweise der Innenseiten

Andre Meissner: 11 (Bierflasche), 13, 13/1, 34, 45, 45/1, 49 (kellner), 73,
Christine Kummer: 11 (Beach-Club-Feeling), 15, 36/1 (Frau), 37, 51, 55, 62, 70, 75, 81
Tim Kellner: 46, 46/1
Josh: 16, 58, 68, 69, 69/1, 92 (Fake)
Jörg Weidauer: 21, 21/1, 64, 74
Heidi Schneekloth: 24
Voller Ernst: 6, 9, 12, 18, 23, 31, 33, 38, 39 40, 42, 50, 60, 63, 66, 67, 92
Janet Riedel: 8, 14, 20, 25, 26, 28, 29, 30, 35, 36, 37, 41, 43, 44, 47, 48, 48/2, 49, 52, 54, 57, 65, 67, 71, 76, 77, 78, 80, 82, 83, 84
Hans Borghorst: 10, 78, 92, 93
Erwin Wurm: 61

1 2 3 4 10 09 08 07

Redaktion: Frank Kühne
Layout und Herstellung: Constanze Hinz
Satz: Rafaela Nimmesgern, Hamburg
Umschlaggestaltung und Umschlagfoto: Janet Riedel
Druck und buchbinderische Verarbeitung:
Westermann Druck, Zwickau
ISBN 978-3-551-68016-7
Printed in Germany

www.carlsencartoon.de

WIR SIND PAPST!

Deutschland ist Papst! Aber, was nun?! Wie verhält man sich eigentlich als Vertreter von Gottes Gnaden auf Erden? Was zieht man an, wo geht man einkaufen und wer zur Hölle wäscht die Wäsche? Auf diese und andere teuflische Fragen findet man im ersten offiziellen Pontifex-Ratgeber und mit Gottes Hilfe sicherlich eine Antwort!

Papst werden leicht gemacht!
Piers Marchant
ISBN 978-3-551-68156-0

Rodica Prato © 2005

Der etwas andere Karriereplaner

Vatikan-Wissen unterhaltsam verpackt

Unglaubliches für Gläubige und Ungläubige

CARLSEN

www.carlsencartoon.de

BEKLOPPTER BASTELSPASS!

Home-Shopping für Fortgeschrittene!
Wer dieses Buch hat, muss nicht länger vor dem Bildschirm sitzen und unnütze Dinge kaufen. Nein! Man kann sie gleich selber machen.

Unter Produkten wie Coffee to Run, Eigenlaub-Markierer und Pornobalken findet sich selbst für diejenigen ein Geschenk, die im Grunde schon alles haben ...

Crazy Gifts
Total verrückte Geschenke
Olaf Nett / Andreas Altenbur
ISBN 978-3-551-68155-3

„HI, ICH BIN PROMI-TIERFILMER BOB WILGATE. Euer ‚Coffee to Run' ist sensationell. Ich war auf einer Safari im Dschungel – hinter mir menschenfressende Grauleoparden. Ich rannte um mein Leben und musste trotzdem nicht auf den Genuss eines Grande Cappuccino Halbfett verzichten. DANKE, BFB24!"

COFFEE TO RUN!

CARLSEN
www.carlsencartoon.de